KOMPLETNA KSIĄŻKA KUCHENNA NA ZIMNIKI

Pokonaj upał dzięki 100 pysznym schłodzonym zupom, idealnym na lato i nie tylko

Janina Baranowska

Prawa autorskie ©2024

Wszelkie prawa zastrzeżone

Żadna część tej książki nie może być wykorzystywana ani rozpowszechniana w jakiejkolwiek formie i w jakikolwiek sposób bez odpowiedniej pisemnej zgody wydawcy i właściciela praw autorskich, z wyjątkiem krótkich cytatów użytych w recenzji. Niniejsza książka nie powinna być traktowana jako substytut porady lekarskiej, prawnej lub innej porady zawodowej.

SPIS TREŚCI

SPIS TREŚCI 3
WSTĘP 6
GAZPACHO 7
   1. Gazpacho ogrodowe 8
   2. Gazpacho z trzech pomidorów i kremu chipotle 10
   3. Letnie Gazpacho Warzywne 12
   4. Gazpacho z Ditalini i Chile Aioli 14
   5. Czarno-złote Gazpacho 17
   6. Gazpacho arbuzowe 19
   7. Gazpacho z awokado 21
   8. Gazpacho z kukurydzą i bazylią 23
   9. Gazpacho Mango i Ananas 25
  10. Gazpacho z ogórkiem i jogurtem 27
  11. Gazpacho z truskawkami i bazylią 29
  12. Gazpacho z Pieczoną Czerwoną Papryką i Migdałami 31
  13. Pikantne Mango i Kolendra Gazpacho 33
ZIMNE ZUPY OWOCOWE 35
  14. Chłodnik śliwkowy 36
  15. Zupa owocowa Jewelbox 38
  16. Zupa senegalska 40
  17. Zupa z dzikiej wiśni 42
  18. Letnia zupa owocowa 44
  19. Duńska Zupa Jabłkowa 46
  20. Schłodzona Zupa Kantalupa 48
  21. Norweska zupa jagodowa 50
  22. Zimny krem z rukwi wodnej i zupy jabłkowej 52
  23. Zimna Zupa Wiśniowa 54
  24. Duńska zupa jabłkowa z owocami i winem 56
  25. Zimna zupa brzoskwiniowo-truskawkowa 58
  26. Zimna zupa śmietanowa z morelami 60
  27. Zimna zupa truskawkowa na ranczu Caramel Mountain 62
  28. Zimna zupa z papai 64
  29. Zupa cytrusowo-wiśniowa 66
  30. Duńska słodka zupa 68
  31. Zimna Zupa Melonowo-Miętowa 70
  32. Chłodnik Borówkowy z Sorbetem Ziołowym Pomarańczy 72
  33. Norweska zupa owocowa (Sotsuppe) 74
  34. Schłodzona Zupa Jogurtowa Truskawkowa 76
  35. Zupa Truskawkowa 78
  36. Karaibska zupa z awokado 80
ZIMNE ZUPY WARZYWNE 82

37. VICHYSSOISE ZE SŁODKICH ZIEMNIAKÓW 83
38. SCHŁODZONA ZUPA AWOKADO-POMIDOROWA 85
39. ZUPA OGÓRKOWA Z NERKOWCAMI 87
40. SCHŁODZONA ZUPA MARCHEWKOWA 89
41. SCHŁODZONA ZUPA BURACZANA 91
42. ZIMNA ZUPA Z ZIELONYCH JARZYN Z RYBĄ 93
43. ZIMNA ZUPA POMIDOROWA 95
44. ZUPA MARCHEWKOWO-JOGURTOWA 97
45. ZIMNA ZUPA Z CUKINI I PORÓW 99
46. ZUPA Z CUKINII I AWOKADO 101
47. ZIMNA ZUPA OGÓRKOWO-SZPINAKOWA 103
48. ZIMNA ZUPA AWOKADO Z KREMEM Z KOLENDRY CHILI 105
49. ZUPA Z BURAKÓW I CZERWONEJ KAPUSTY 107
50. ZUPA POMIDOROWA I PAPRYKOWA 109
51. ZUPA IMBIROWO-MARCHEWKOWA 111
52. ZIMNA ZUPA Z AWOKADO I MAŚLANKĄ 113
53. ZUPA CUKINIOWO-CZOSNKOWA W CURRY 115
54. ZUPA JOGURTOWO-OGÓRKOWA 117
55. BARSZCZ 119
56. ZUPA-KREM Z CUKINII I BAZYLII 121

ZIMNE ZUPY RYBNE I OWOCE OWOCÓW **123**

57. ZIMNIK OGÓRKOWY Z ZIOŁOWYMI KREWETKAMI 124
58. SCHŁODZONA ZUPA Z KREWETEK I AWOKADO 126
59. SCHŁODZONY BISQUE Z HOMARA 128
60. ZUPA Z ŁOSOSIA WĘDZONEGO NA ZIMNO 130
61. SCHŁODZONY KRAB GAZPACHO 132
62. ZIMNA ZUPA KRABOWA 134
63. ZIMNA ZUPA Z MAŚLANKI I KREWETEK 136
64. SCHŁODZONA ZUPA OGÓRKOWO-KRABOWA 138
65. SCHŁODZONA ZUPA Z KREWETEK KOKOSOWYCH 140
66. ZIMNA ZUPA Z TUŃCZYKA I BIAŁEJ FASOLI 142
67. SCHŁODZONA ZUPA Z PRZEGRZEBKÓW I KUKURYDZY 144

ZIMNE ZUPY DROBOWE **146**

68. SCHŁODZONA ZUPA Z KURCZAKIEM I WARZYWAMI 147
69. SCHŁODZONY INDYK I ZUPA ŻURAWINOWA 149
70. SCHŁODZONA ZUPA Z KURCZAKIEM I KUKURYDZĄ 151
71. SCHŁODZONA ZUPA Z INDYKA I AWOKADO 153
72. SCHŁODZONA ZUPA ORZO Z KURCZAKIEM CYTRYNOWYM 155
73. SCHŁODZONA ZUPA Z INDYKA I SZPINAKU 157
74. SCHŁODZONA ZUPA Z KURCZAKIEM I MANGO 159
75. ZUPA Z KURCZAKA I RYŻU Z MLEKIEM KOKOSOWYM 161
76. ZUPA NA ZIMNO Z KURCZAKIEM, SELEREM I ORZECHAMI WŁOSKIMI 163
77. ZIMNA ZUPA SZPARAGOWA Z JAJAMI PRZEPIÓRCZYMI I KAWIOREM 165

ZIMNE ZUPY ZIOŁOWE **167**
   78. Zupa kantalupa z miętą 168
   79. Schłodzona Zupa z Cukinii 170
   80. Zupa grochowa na zimno 172
   81. Chłodnik Zupa Szczawiowa 174
   82. Schłodzona zupa z awokado i kolendrą 176
   83. Schłodzona Zupa Grochowo-Estragonowa 178
   84. Schłodzona Zupa Szpinakowo-Koperkowa 180
   85. Schłodzona Zupa z Cukini i Pietruszki 182
   86. Schłodzona Zupa Szparagowo-Szczypiorkowa 184
   87. Schłodzona Zupa z Buraków i Mięty 186
   88. Chińska Ziołowa Zupa z Kurczakiem 188

ZIMNE ZUPY Z MOTYWÓW STOPKOWYCH I ZIARNA **191**
   89. Zimna zupa fasolowa z chrupiącą pancettą 192
   90. Schłodzona Zupa Fasolowa 194
   91. Schłodzona zupa z soczewicy i komosy ryżowej 196
   92. Schłodzona Zupa z Ciecierzycy i Bułgarii 198
   93. Schłodzona zupa z czarnej fasoli i brązowego ryżu 200
   94. Schłodzona zupa z kaszy jęczmiennej i ciecierzycy 202
   95. Schłodzona zupa z czerwonej soczewicy i bulguru 204

ZIMNE ZUPY MAKARONOWE **206**
   96. Zimny Makaron z Pomidorami 207
   97. Schłodzona śródziemnomorska zupa Orzo 209
   98. Schłodzona Zupa Pomidorowo-Makaronowa z Bazylią 211
   99. Schłodzona zupa makaronowa z pesto 213
   100. Schłodzona zupa grecka z sałatką makaronową 215

WNIOSEK **217**

WSTĘP

Witamy w „Kompletnej książce kucharskiej na temat zimnych zup", najlepszym przewodniku po pokonaniu upału dzięki 100 pysznym schłodzonym zupom, które są idealne na lato i nie tylko. Kiedy temperatura wzrasta, nic nie jest tak orzeźwiające i satysfakcjonujące jak miska zimnej zupy, która chłodzi i ożywia kubki smakowe. W tej książce kucharskiej celebrujemy wszechstronność i kreatywność schłodzonych zup, oferując różnorodne przepisy na każde podniebienie i każdą okazję.

W tej książce kucharskiej odkryjesz szeroką gamę przepisów na zupy na zimno, które wykorzystują sezonowe składniki, żywe smaki i innowacyjne techniki kulinarne. Od klasycznych gazpacho i kremowych vichyssois po egzotyczne zupy owocowe i pikantny, schłodzony makaron – każdy przepis został opracowany tak, aby zapewnić orzeźwiające i satysfakcjonujące doznania kulinarne, bez względu na pogodę i porę roku.

Tym, co wyróżnia „Kompletną książkę kucharską na zimno", jest nacisk na świeżość, smak i prostotę. Niezależnie od tego, czy jesteś doświadczonym szefem kuchni, czy początkującym kucharzem, przepisy te zaprojektowano tak, aby były łatwe w wykonaniu i można je było dostosować do Twoich preferencji smakowych i potrzeb dietetycznych. Przy minimalnym wymaganiu gotowania i skupieniu się na użyciu świeżych, wysokiej jakości składników, będziesz w stanie w mgnieniu oka przygotować porcję pysznego chłodnika, co czyni go idealną opcją na pracowite wieczory w tygodniu, swobodne spotkania lub eleganckie przyjęcia .

W tej książce kucharskiej znajdziesz praktyczne wskazówki dotyczące wyboru i przygotowania składników, a także wspaniałe zdjęcia, które będą inspiracją do Twoich kulinarnych kreacji. Niezależnie od tego, czy masz ochotę na coś lekkiego i orzeźwiającego, czy bogatego i pobłażliwego, „Kompletna książka kucharska na zimno" ma coś dla każdego, zapraszając Cię do odkrywania pysznych możliwości schłodzonych zup i wzbogacania letnich doznań kulinarnych.

GAZPACHO

1. Gazpacho ogrodowe

SKŁADNIKI:
- 6 dojrzałych pomidorów śliwkowych, posiekanych
- 1 średnia czerwona cebula, posiekana
- 1 średni ogórek, obrany, pozbawiony nasion i posiekany
- 1 średnia czerwona papryka, posiekana
- 4 zielone cebule, posiekane
- 1 ząbek czosnku, posiekany
- 1 żeberko selera, posiekane
- 3 łyżki octu sherry
- 2 łyżki oliwy z oliwek
- 1 łyżeczka cukru
- Sól
- sos tabasco
- 2 szklanki zmiksowanego soku warzywnego
- 1/4 szklanki posiekanej świeżej pietruszki
- 1/4 szklanki pokrojonych w plasterki oliwek kalamata bez pestek

INSTRUKCJE:
a) W blenderze lub robocie kuchennym połącz wszystkie pomidory, cebulę, ogórek i 1/4 szklanki każdego z nich
b) papryka. Dodaj połowę zielonej cebuli oraz cały czosnek i seler i zmiksuj na gładką masę. Dodaj ocet, olej i cukier, dopraw solą i Tabasco do smaku. Przetwarzaj, aż dobrze się wymiesza.
c) Przelej zupę do dużej, niemetalowej miski i dodaj sok warzywny. Przykryj i przechowuj w lodówce aż do schłodzenia, co najmniej 3 godziny.
d) Gdy wszystko będzie gotowe, dodaj pozostałe pomidory, cebulę, ogórek, paprykę i zieloną cebulę. Zupę nalewamy do misek, dekorujemy natką pietruszki i czarnymi oliwkami i podajemy.

2.Gazpacho z trzech pomidorów i kremu chipotle

SKŁADNIKI:
- 1 łyżka oliwy z oliwek
- 11/2 łyżeczki chipotle chile w adobo
- 1/4 szklanki wegańskiej kwaśnej śmietany, domowej roboty (patrz Śmietana tofu) lub kupionej w sklepie
- 1 średnia czerwona cebula, posiekana
- 1 średnia czerwona papryka, posiekana
- 1 średni ogórek, obrany, pozbawiony nasion i posiekany
- 2 ząbki czosnku, posiekane
- 1/4 szklanki posiekanych suszonych pomidorów w oleju
- (14,5 uncji) puszka zmiażdżonych pomidorów
- 3 szklanki zmiksowanego soku warzywnego
- funt dojrzałych pomidorów śliwkowych, posiekanych
- Sól
- 1/4 szklanki posiekanej zielonej cebuli do dekoracji

INSTRUKCJE:
a) W blenderze lub robocie kuchennym połącz olej, chipotle i kwaśną śmietanę i zmiksuj na gładką masę. Odłożyć na bok.
b) W blenderze lub robocie kuchennym połącz cebulę, paprykę, połowę ogórka, czosnek, suszone pomidory i pokruszone pomidory. Przetwarzaj, aż będzie gładka. Przełożyć do dużej miski i wymieszać z sokiem warzywnym, świeżymi pomidorami, pozostałym ogórkiem i solą do smaku. Przykryj i przechowuj w lodówce, aż dobrze się schłodzi, co najmniej 3 godziny.
c) Po schłodzeniu spróbować, w razie potrzeby doprawiając. Rozlać do misek i do każdej wmieszać łyżkę kremu chipotle. Udekoruj posiekaną zieloną cebulą i podawaj.

3.Letnie Gazpacho Warzywne

SKŁADNIKI:
- 2 szklanki młodego octu balsamicznego
- 2 funty dojrzałych pomidorów
- 2 ogórki angielskie (szklarniane).
- 1 czerwona cebula
- 1 żółta papryka
- 1 czerwona papryka
- 3 kromki jednodniowego chleba francuskiego na zakwasie
- 3 szklanki soku pomidorowego
- 2 ząbki czosnku
- 3 szklanki bulionu warzywnego
- 2 łyżki oliwy z oliwek extra virgin
- 1 łyżka łagodnej wędzonej hiszpańskiej papryki
- 1 łyżeczka mielonego kminku
- Gruba sól i świeżo zmielony pieprz do smaku
- 2 łyżki drobno posiekanej świeżej kolendry
- 2 łyżki drobno posiekanej świeżej mięty
- 1 łyżka drobno posiekanej skórki z cytryny

INSTRUKCJE:
a) Zredukuj ocet balsamiczny do ½ szklanki.
b) Warzywa pokroić i namoczyć chleb w soku pomidorowym.
c) Wszystkie składniki wymieszać i odstawić na 1 godzinę.
d) Zmiksuj 4 szklanki mieszanki, aż będzie gładka.
e) Schładzaj przez co najmniej 4 godziny.
f) Podawać z mieszanką ziół, skropić oliwą z oliwek i syropem balsamicznym.

4. Gazpacho Z Ditalini I Chile Aioli

SKŁADNIKI:
AIOLI
- 1 małe gorące chili, pozbawione nasion
- 3 ząbki czosnku
- 1/2 łyżeczki soli
- 1 łyżeczka octu winnego z czerwonego wina
- 1/2 szklanki oliwy z oliwek

GAZPACHO
- 4 duże dojrzałe pomidory, obrane, pozbawione nasion i posiekane
- 2 duże ogórki, obrane, pozbawione nasion i posiekane
- 1 średnia żółta papryka, posiekana
- 1/2 szklanki posiekanej zielonej cebuli
- 1 łyżka posiekanego czosnku
- 3 szklanki soku pomidorowego
- Sól
- 1/2 szklanki ditalini lub innego makaronu do zupy
- 1 łyżka oliwy z oliwek

INSTRUKCJE:
ZRÓB AIOLI:
a) W blenderze lub robocie kuchennym połącz chili, czosnek i sól i zmiksuj na gładkie puree. Dodaj ocet i zmiksuj. Gdy urządzenie działa, wlewaj strumieniowo olej, aż się wymiesza. Nie przesadzaj. Przełożyć do miski i odstawić w temperaturze pokojowej do momentu podania.

ZROBIĆ GAZPACHO:
b) W blenderze lub robocie kuchennym połącz połowę pomidorów, połowę ogórków, połowę papryki, połowę zielonej cebuli i cały czosnek. Zmiksować, następnie przenieść do dużej, niemetalowej miski i wymieszać z sokiem pomidorowym oraz pozostałym pomidorem, ogórkiem, papryką i zieloną cebulą. Dopraw solą do smaku. Przykryj i przechowuj w lodówce, aż dobrze się schłodzi, co najmniej 2 godziny.

c) Podczas gdy zupa się chłodzi, ugotuj makaron w garnku z wrzącą, osoloną wodą, mieszając od czasu do czasu, aż będzie al dente, 6 do 8 minut. Makaron odcedzamy i opłukujemy, następnie zalewamy oliwą i odstawiamy.

d) Gdy będzie gotowy do podania, dodaj makaron do zupy i spróbuj, doprawiając w razie potrzeby przyprawami. Rozlać do misek i do każdej wmieszać łyżkę aioli. Podawać z dodatkowym aioli z boku.

5. Czarno-Złote Gazpacho

SKŁADNIKI:
- 1 1/2 funta dojrzałych żółtych pomidorów, posiekanych
- 1 duży ogórek, obrany, pozbawiony nasion i posiekany
- 1 duża żółta papryka, pozbawiona nasion i posiekana
- 4 zielone cebule, tylko biała część
- 2 ząbki czosnku, posiekane
- 2 łyżki oliwy z oliwek
- 2 łyżki białego octu winnego
- Sól
- Cayenne mielony
- 1 1/2 szklanki ugotowanej lub 1 (15,5 uncji) puszka czarnej fasoli, odsączonej i opłukanej
- 2 łyżki posiekanej świeżej natki pietruszki
- 1 szklanka prażonych grzanek (opcjonalnie)

INSTRUKCJE:
a) W blenderze lub robocie kuchennym połącz połowę pomidorów z ogórkiem, papryką, zieloną cebulą i czosnkiem. Przetwarzaj, aż będzie gładka. Dodaj olej i ocet, dopraw solą i cayenne do smaku i miksuj aż do połączenia.
b) Przelej zupę do dużej, niemetalowej miski, dodaj czarną fasolę i pozostałe pomidory. Przykryj miskę i wstaw do lodówki na 1 do 2 godzin. Próbujemy, w razie potrzeby doprawiamy.
c) Zupę nalewamy do misek, dekorujemy natką pietruszki i grzankami, jeśli używamy, i podajemy.

6.Gazpaczo z Arbuza

SKŁADNIKI:
- 4 szklanki pokrojonego w kostkę arbuza bez pestek
- 2 duże pomidory, pokrojone w kostkę
- 1 ogórek, obrany, pozbawiony nasion i pokrojony w kostkę
- 1 czerwona papryka, pokrojona w kostkę
- 1/4 szklanki posiekanej czerwonej cebuli
- 2 łyżki posiekanej świeżej mięty
- 2 łyżki posiekanej świeżej bazylii
- 2 łyżki soku z limonki
- Sól i pieprz do smaku

INSTRUKCJE:
a) W blenderze połącz arbuza, pomidory, ogórek, paprykę, czerwoną cebulę, miętę, bazylię i sok z limonki.
b) Mieszaj, aż będzie gładka.
c) Dopraw solą i pieprzem do smaku.
d) Przed podaniem schłodzić w lodówce co najmniej 1 godzinę.
e) Podawać na zimno, w razie potrzeby udekorowane dodatkowymi listkami mięty.

7. Gazpacho z awokado

SKŁADNIKI:

- 2 dojrzałe awokado, obrane i pokrojone w kostkę
- 2 ogórki, obrane, pozbawione gniazd nasiennych i pokrojone w kostkę
- 1 zielona papryka, pokrojona w kostkę
- 2 ząbki czosnku, posiekane
- 1/4 szklanki posiekanej świeżej kolendry
- 2 łyżki soku z limonki
- 2 szklanki bulionu warzywnego
- Sól i pieprz do smaku

INSTRUKCJE:

a) W blenderze wymieszaj awokado, ogórki, paprykę, czosnek, kolendrę, sok z limonki i bulion warzywny.
b) Mieszaj, aż będzie gładka.
c) Dopraw solą i pieprzem do smaku.
d) Przed podaniem schłodzić w lodówce co najmniej 1 godzinę.
e) Podawać na zimno, udekorowane gałązką kolendry.

8.Gazpacho z kukurydzy i bazylii

SKŁADNIKI:
- 4 kłosy kukurydzy, nasiona usunięte
- 2 duże pomidory, pokrojone w kostkę
- 1 czerwona cebula, pokrojona w kostkę
- 1 czerwona papryka, pokrojona w kostkę
- 2 ząbki czosnku, posiekane
- 1/4 szklanki posiekanej świeżej bazylii
- 2 łyżki czerwonego octu winnego
- 2 szklanki bulionu warzywnego
- Sól i pieprz do smaku

INSTRUKCJE:
a) W blenderze wymieszaj ziarna kukurydzy, pomidory, czerwoną cebulę, paprykę, czosnek, bazylię, czerwony ocet winny i bulion warzywny.
b) Mieszaj, aż będzie gładka.
c) Dopraw solą i pieprzem do smaku.
d) Przed podaniem schłodzić w lodówce co najmniej 1 godzinę.
e) Podawać na zimno, udekorowane listkiem bazylii.

9.Gazpacho z mango i ananasa

SKŁADNIKI:
- 2 dojrzałe mango, obrane i pokrojone w kostkę
- 1 szklanka pokrojonego w kostkę ananasa
- 1 ogórek, obrany, pozbawiony nasion i pokrojony w kostkę
- 1 czerwona papryka, pokrojona w kostkę
- 1 papryczka jalapeño, pozbawiona nasion i posiekana
- 2 łyżki posiekanej świeżej kolendry
- 2 łyżki soku z limonki
- 2 szklanki soku ananasowego
- Sól i pieprz do smaku

INSTRUKCJE:
a) W blenderze wymieszaj mango, ananasa, ogórek, czerwoną paprykę, papryczkę jalapeño, kolendrę, sok z limonki i sok ananasowy.
b) Mieszaj, aż będzie gładka.
c) Dopraw solą i pieprzem do smaku.
d) Przed podaniem schłodzić w lodówce co najmniej 1 godzinę.
e) Podawać na zimno, udekorowane plasterkiem mango lub ananasa na brzegu miski.

10.Gazpacho z ogórkiem i jogurtem

SKŁADNIKI:

- 2 ogórki, obrane, pozbawione gniazd nasiennych i pokrojone w kostkę
- 1 szklanka zwykłego jogurtu greckiego
- 1/4 szklanki posiekanego świeżego koperku
- 2 łyżki soku z cytryny
- 1 ząbek czosnku, posiekany
- 1 łyżka oliwy z oliwek
- Sól i pieprz do smaku

INSTRUKCJE:

a) W blenderze połącz ogórki, jogurt grecki, koperek, sok z cytryny, czosnek i oliwę z oliwek.
b) Mieszaj, aż będzie gładka.
c) Dopraw solą i pieprzem do smaku.
d) Przed podaniem schłodzić w lodówce co najmniej 1 godzinę.
e) Podawać na zimno, udekorowane gałązką koperku.

11. Gazpacho z truskawkami i bazylią

SKŁADNIKI:
- 2 szklanki pokrojonych w kostkę truskawek
- 1 ogórek, obrany, pozbawiony nasion i pokrojony w kostkę
- 1/4 szklanki posiekanej świeżej bazylii
- 2 łyżki octu balsamicznego
- 1 łyżka miodu
- 1/4 łyżeczki czarnego pieprzu
- 1 szklanka wody
- Sól dla smaku

INSTRUKCJE:
a) W blenderze połącz truskawki, ogórek, bazylię, ocet balsamiczny, miód, czarny pieprz i wodę.
b) Mieszaj, aż będzie gładka.
c) Dopraw solą do smaku.
d) Przed podaniem schłodzić w lodówce co najmniej 1 godzinę.
e) Podawać na zimno, udekorowane listkiem bazylii.

12. Gazpacho z pieczoną czerwoną papryką i migdałami

SKŁADNIKI:
- 2 duże pieczone czerwone papryki, obrane i pozbawione nasion
- 1 szklanka blanszowanych migdałów
- 2 ząbki czosnku
- 2 łyżki octu sherry
- 1/4 szklanki oliwy z oliwek
- 2 szklanki bulionu warzywnego
- Sól i pieprz do smaku

INSTRUKCJE:
a) W blenderze wymieszaj pieczoną czerwoną paprykę, migdały, czosnek, ocet sherry, oliwę z oliwek i bulion warzywny.
b) Mieszaj, aż będzie gładka.
c) Dopraw solą i pieprzem do smaku.
d) Przed podaniem schłodzić w lodówce co najmniej 1 godzinę.
e) Podawać na zimno, udekorowane odrobiną oliwy z oliwek i posiekanymi migdałami.

13. Pikantne Mango i Cilantro Gazpacho

SKŁADNIKI:

- 2 dojrzałe mango, obrane i pokrojone w kostkę
- 1 ogórek, obrany, pozbawiony nasion i pokrojony w kostkę
- 1 papryczka jalapeño, pozbawiona nasion i pokrojona w kostkę
- 1/4 szklanki posiekanej świeżej kolendry
- 2 łyżki soku z limonki
- 2 szklanki bulionu warzywnego
- Sól i pieprz do smaku

INSTRUKCJE:

a) W blenderze połącz mango, ogórek, papryczkę jalapeño, kolendrę, sok z limonki i bulion warzywny.
b) Mieszaj, aż będzie gładka.
c) Dopraw solą i pieprzem do smaku.
d) Przed podaniem schłodzić w lodówce co najmniej 1 godzinę.
e) Podawać na zimno, udekorowane plasterkiem jalapeño dla dodatkowej pikanterii.

ZIMNE ZUPY OWOCOWE

14. Zimna Zupa Śliwkowa

SKŁADNIKI:
- 4 dojrzałe śliwki, wypestkowane i posiekane
- 1 szklanka jogurtu naturalnego
- 1/4 szklanki miodu lub syropu klonowego
- 1 łyżeczka ekstraktu waniliowego
- Szczypta cynamonu
- Migdały w plasterkach do dekoracji

INSTRUKCJE:
a) W blenderze połącz posiekane śliwki, jogurt naturalny, miód lub syrop klonowy, ekstrakt waniliowy i cynamon.
b) Mieszaj, aż będzie gładka.
c) Zupę schłodzić w lodówce przez co najmniej 1 godzinę.
d) Podawać na zimno, udekorowane płatkami migdałów.

15.Zupa Owocowa Jewelbox

SKŁADNIKI:
- 2 szklanki soku z białych winogron
- 2 szklanki nektaru gruszkowego
- 1 dojrzały banan, posiekany
- 1 łyżka świeżego soku z cytryny
- Szczypta soli
- 1/2 szklanki niesłodzonego mleka kokosowego (opcjonalnie)
- 1 szklanka jagód
- 1 dojrzałe mango, obrane, pozbawione pestek i pokrojone w kostkę o średnicy 1/4 cala
- 1 szklanka pokrojonego w kostkę ananasa
- 1 szklanka pokrojonych w kostkę truskawek
- Świeże liście mięty do dekoracji

INSTRUKCJE:

a) W robocie kuchennym wymieszaj sok winogronowy, nektar gruszkowy, banana, sok z cytryny i sól. Zmiksuj na gładką masę, następnie przelej do dużej miski. Jeśli używasz, dodaj mleko kokosowe. Przykryj i przechowuj w lodówce, aż dobrze się schłodzi, na 3 godziny lub na noc.

b) Wlej schłodzoną zupę do misek i do każdej miski włóż 1/4 szklanki jagód, mango, ananasa i truskawek. Udekoruj listkami mięty i podawaj.

16.Zupa Senegalska

SKŁADNIKI:
- 1 łyżka oleju rzepakowego lub z pestek winogron
- 1 średnia cebula, posiekana
- 1 średnia marchewka, posiekana
- 1 ząbek czosnku, posiekany
- 3 jabłka Granny Smith, obrane, wydrążone i posiekane
- 2 łyżki ostrego lub łagodnego curry
- 2 łyżeczki koncentratu pomidorowego
- 3 szklanki jasnego bulionu warzywnego, domowego (patrz Lekki bulion warzywny) lub kupionego w sklepie, lub woda z solą
- 1 szklanka zwykłego niesłodzonego mleka sojowego
- 4 łyżeczki chutneyu z mango, domowego (patrz Mango Chutney) lub kupnego w sklepie, do dekoracji

INSTRUKCJE:
a) W dużym garnku do zupy rozgrzej olej na średnim ogniu. Dodać cebulę, marchewkę i czosnek. Przykryj i gotuj, aż zmięknie, około 10 minut. Dodaj jabłka i kontynuuj gotowanie bez przykrycia, od czasu do czasu mieszając, aż jabłka zaczną mięknąć, około 5 minut. Dodaj curry i gotuj, mieszając, 1 minutę. Dodajemy koncentrat pomidorowy, bulion i sól do smaku. Dusić bez przykrycia przez 30 minut.
b) Zmiksuj zupę w garnku za pomocą blendera zanurzeniowego, blendera lub robota kuchennego, w razie potrzeby partiami. Zupę przelać do dużego pojemnika, dodać mleko sojowe, przykryć i wstawić do lodówki do wystygnięcia, na około 3 godziny.
c) Zupę nalewamy do misek, dekorujemy każdą łyżeczką chutneyu i podajemy.

17. Zupa z dzikiej wiśni

SKŁADNIKI:

- 1 1/2 funta dojrzałych wiśni, bez pestek
- 2 szklanki soku z białych winogron lub soku żurawinowego
- 1/3 szklanki cukru
- 1 łyżka świeżego soku z cytryny
- 1 szklanka wegańskich lodów waniliowych, zmiękczonych
- 2 łyżki likieru wiśniowego

INSTRUKCJE:

a) Posiekaj 8 wiśni i odłóż na bok. Pozostałe wiśnie włóż do blendera lub robota kuchennego i zmiksuj na gładką masę. Dodać sok winogronowy, cukier, sok z cytryny i 1/2 szklanki lodów
b) przetwarzać, aż będzie gładkie. Wlać zupę do niemetalowej miski. Przykryj i przechowuj w lodówce do schłodzenia, około 3 godzin.
c) W małej misce połącz pozostałe 1/2 szklanki lodów z likierem wiśniowym, dobrze mieszając. Odłożyć na bok.
d) Przelej schłodzoną zupę do misek, udekoruj łyżką masy lodowej i posiekanymi wiśniami i podawaj.

18.Letnia Zupa Owocowa

SKŁADNIKI:
- 2 szklanki posiekanego kantalupa lub melona spadziowego
- 1 szklanka posiekanego świeżego ananasa
- 1 dojrzałe mango lub 2 brzoskwinie, obrane, wypestkowane i posiekane
- 1 dojrzały banan, posiekany
- 1 łyżka świeżego soku z cytryny
- 1 szklanka świeżego soku pomarańczowego
- 1 szklanka soku jabłkowego lub ananasowego
- 1/2 szklanki zwykłego niesłodzonego mleka sojowego
- 1/3 szklanki wegańskiego jogurtu zwykłego lub wegańskiej kwaśnej śmietany, domowej roboty (patrz Śmietana tofu) lub kupiona w sklepie
- 2 łyżki nektaru z agawy
- 1/2 szklanki obranych, pokrojonych w plasterki truskawek, do dekoracji
- Gałązki świeżej mięty do dekoracji

INSTRUKCJE:

a) W robocie kuchennym połącz kantalupę, ananasa, mango i banana i miksuj na gładką masę. Dodaj sok z cytryny, sok pomarańczowy, sok jabłkowy i mleko sojowe i miksuj, aż dobrze się wymieszają. Wlać zupę do dużego pojemnika. Przykryj i przechowuj w lodówce, aż dobrze się schłodzi, co najmniej 3 godziny.

b) W małej misce połącz jogurt i nektar z agawy w małej misce i mieszaj, aż masa będzie gładka. Przelej schłodzoną zupę do misek, udekoruj łyżką mieszanki jogurtowej, kilkoma plasterkami truskawek i gałązkami świeżej mięty i podawaj.

19. Duńska Zupa Jabłkowa

SKŁADNIKI:
- 2 duże jabłka, wydrążone i pokrojone na kawałki
- 2 szklanki wody
- 1 laska cynamonu
- 3 Całe goździki
- ⅛ łyżeczki soli
- ½ szklanki) cukru
- 1 łyżka skrobi kukurydzianej
- 1 szklanka świeżych śliwek, nieobranych i pokrojonych w plasterki
- 1 szklanka świeżych brzoskwiń, obranych i pokrojonych
- ¼ szklanki wina porto

INSTRUKCJE:
a) Połącz jabłka, wodę, laskę cynamonu, goździki i sól w średnio dużym rondlu.
b) Wymieszaj cukier i skrobię kukurydzianą i dodaj do puree jabłkowego.
c) Dodaj śliwki i brzoskwinie i gotuj na wolnym ogniu, aż owoce będą miękkie, a mieszanina lekko zgęstnieje.
d) Dodaj wino porto .
e) Pojedyncze porcje podawaj z kleksem lekkiej kwaśnej śmietany lub odtłuszczonego jogurtu waniliowego.

20.Schłodzona Zupa Kantalupa

SKŁADNIKI:
- 1 kantalupa – obrana, pozbawiona nasion i pokrojona w kostkę
- 2 szklanki soku pomarańczowego
- 1 łyżka świeżego soku z limonki
- 1/4 łyżeczki mielonego cynamonu

INSTRUKCJE:
a) Obierz, wypestkuj i pokrój kantalupę. Umieść kantalupę i 1/2 szklanki soku pomarańczowego w blenderze lub robocie kuchennym; przykryć i przetwarzać, aż będzie gładkie.
b) Przełożyć do dużej miski. Wymieszaj sok z limonki, cynamon i pozostały sok pomarańczowy. Przykryj, odstaw do lodówki na co najmniej godzinę.
c) W razie potrzeby udekoruj miętą.

21. Norweska zupa jagodowa

SKŁADNIKI:

- 1 koperta z niesmakowaną żelatyną
- ¼ szklanki zimnej wody
- 4 szklanki świeżego soku pomarańczowego
- 3 łyżki świeżego soku z cytryny
- ¼ szklanki) cukru
- 2 szklanki świeżych jagód, umytych
- Świeża mięta, do dekoracji

INSTRUKCJE:

a) W kubku z kremem rozpuść żelatynę w zimnej wodzie. Umieścić w garnku z gorącą (nie wrzącą) wodą, aż się rozpuści i będzie gotowy do użycia.
b) Połącz sok pomarańczowy, sok z cytryny i cukier z roztopioną żelatyną. Mieszaj, aż cukier i żelatyna się rozpuszczą.
c) Schładzaj, aż mieszanina zacznie gęstnieć.
d) Do mieszanki włóż jagody.
e) Schłodź, aż będzie gotowy do podania.
f) Przelej do schłodzonych kubków bulionowych i udekoruj świeżą miętą.
g) Rozkoszuj się orzeźwiającą norweską zupą jagodową!

22.Zimny krem z rzeżuchy i jabłek

SKŁADNIKI:
- 2 pęczki rzeżuchy, łodygi usunięte
- 2 jabłka, obrane, wydrążone i posiekane
- 2 szklanki bulionu warzywnego
- 1 szklanka zwykłego jogurtu greckiego
- 1 łyżka soku z cytryny
- Sól i pieprz do smaku
- Liście rzeżuchy do dekoracji

INSTRUKCJE:
a) W blenderze połącz rzeżuchę, pokrojone jabłka i bulion warzywny.
b) Mieszaj, aż będzie gładka.
c) Wymieszaj jogurt grecki i sok z cytryny. Dopraw solą i pieprzem do smaku.
d) Zupę schłodzić w lodówce przez co najmniej 2 godziny.
e) Podawać na zimno, udekorowane liśćmi rzeżuchy.

23. Zimna Zupa Wiśniowa

SKŁADNIKI:
- 2 szklanki wiśni bez pestek
- 1 szklanka jogurtu naturalnego
- 1/4 szklanki miodu lub syropu klonowego
- 1/2 łyżeczki ekstraktu migdałowego
- Szczypta cynamonu
- Posiekane migdały do dekoracji

INSTRUKCJE:
a) W blenderze połącz wiśnie, jogurt naturalny, miód lub syrop klonowy, ekstrakt migdałowy i cynamon.
b) Mieszaj, aż będzie gładka.
c) Zupę schłodzić w lodówce przez co najmniej 1 godzinę.
d) Podawać na zimno, udekorowane płatkami migdałów.

24. Duńska zupa jabłkowa z owocami i winem

SKŁADNIKI:
- 2 duże jabłka, wydrążone, sparzone i pokrojone w dużą kostkę
- 2 szklanki wody
- 1 laska cynamonu (2 cale)
- 3 Całe goździki
- 1/8 łyżeczki soli
- ½ szklanki) cukru
- 1 łyżka skrobi kukurydzianej
- 1 szklanka świeżych śliwek, nieobranych i pokrojonych w ósemki
- 1 szklanka świeżych brzoskwiń, obranych i pokrojonych w dużą kostkę
- ¼ szklanki wina porto

INSTRUKCJE:
a) Połącz jabłka, wodę, laskę cynamonu, goździki i sól w średnio dużym rondlu.
b) Przykryj i gotuj na średnim ogniu, aż jabłka będą miękkie.
c) Usuń całe przyprawy i puree, przeciskając gorącą mieszaninę przez grube sitko.
d) Wymieszaj cukier i skrobię kukurydzianą i dodaj do puree jabłkowego.
e) Dodaj śliwki i brzoskwinie i gotuj na wolnym ogniu, aż owoce będą miękkie, a mieszanina lekko zgęstnieje. Zajmie to bardzo krótki czas.
f) Dodaj wino porto i posmakuj słodyczy, w razie potrzeby dodając więcej cukru. Pamiętaj jednak, że smak tej zupy jabłkowej powinien być cierpki.
g) Dokładnie ostudź.
h) Pojedyncze porcje podawaj z kleksem lekkiej kwaśnej śmietany lub odtłuszczonego jogurtu waniliowego.
i) Lekko posyp śmietanę lub jogurt odrobiną gałki muszkatołowej.

25.Zimna Zupa Brzoskwiniowo-Truskawkowa

SKŁADNIKI:
- 2 dojrzałe brzoskwinie, obrane, wypestkowane i posiekane
- 1 szklanka truskawek, obranych i posiekanych
- 1 szklanka soku pomarańczowego
- 1 łyżka miodu lub syropu klonowego (opcjonalnie)
- Świeże liście bazylii do dekoracji

INSTRUKCJE:
a) W blenderze połącz pokrojone brzoskwinie, truskawki, sok pomarańczowy i miód (jeśli używasz).
b) Mieszaj, aż będzie gładka.
c) Zupę schłodzić w lodówce przez co najmniej 1 godzinę.
d) Podawać na zimno, udekorowane listkami świeżej bazylii.

26. Zupa śmietanowa na zimno z moreli

SKŁADNIKI:
- 500 g dojrzałych moreli, wypestkowanych i pokrojonych w kostkę
- 1 szklanka kwaśnej śmietany
- 1/4 szklanki miodu
- 1 łyżka soku z cytryny
- 1/2 łyżeczki mielonego imbiru
- 1/4 łyżeczki mielonego cynamonu
- Posiekana świeża mięta do dekoracji

INSTRUKCJE:
a) W blenderze połącz pokrojone w kostkę morele, śmietanę, miód, sok z cytryny, mielony imbir i mielony cynamon.
b) Mieszaj, aż będzie gładka.
c) Zupę schłodzić w lodówce przez co najmniej 2 godziny.
d) Podawać na zimno, udekorowane posiekaną świeżą miętą.
e) (Uwaga: dostosuj słodkość, dodając mniej lub więcej miodu, zgodnie z osobistymi preferencjami)

27. Zimna zupa truskawkowa na ranczu karmelowym

SKŁADNIKI:
- 500 g świeżych truskawek, obranych i pokrojonych w plasterki
- 1 szklanka jogurtu naturalnego
- 2 łyżki miodu
- 1 łyżeczka ekstraktu waniliowego
- 1/4 łyżeczki mielonego cynamonu
- Świeże liście mięty do dekoracji

INSTRUKCJE:
a) W blenderze połącz pokrojone truskawki, jogurt, miód, ekstrakt waniliowy i mielony cynamon.
b) Mieszaj, aż masa będzie gładka i kremowa.
c) Zupę schłodzić w lodówce przez co najmniej 1 godzinę.
d) Podawać na zimno, udekorowane listkami świeżej mięty.
e) (Uwaga: w razie potrzeby można dodać aromat „Caramel Mountain Ranch", polewając zupę sosem karmelowym przed podaniem)

28.Zimna zupa z papai

SKŁADNIKI:

- 2 dojrzałe papaje, obrane, pozbawione nasion i posiekane
- 1 szklanka mleka kokosowego
- 2 łyżki soku z limonki
- 1 łyżka miodu lub syropu klonowego (opcjonalnie)
- Szczypta soli
- Świeże liście mięty do dekoracji

INSTRUKCJE:

a) W blenderze wymieszaj posiekane papaje, mleko kokosowe, sok z limonki, miód (jeśli używasz) i szczyptę soli.
b) Mieszaj, aż będzie gładka.
c) Zupę schłodzić w lodówce przez co najmniej 1 godzinę.
d) Podawać na zimno, udekorowane listkami świeżej mięty.

29.Zupa Cytrusowo Wiśniowa

SKŁADNIKI:
- 4 szklanki pestek wiśni
- 1 szklanka soku pomarańczowego
- 1 łyżka miodu
- 1 łyżeczka soku z cytryny
- 1/4 łyżeczki mielonego cynamonu
- Szczypta soli
- Świeże liście mięty do dekoracji

INSTRUKCJE:
a) W blenderze połącz pestki wiśni, sok pomarańczowy, miód, sok z cytryny, mielony cynamon i szczyptę soli.
b) Mieszaj, aż będzie gładka.
c) Zupę schłodzić w lodówce przez co najmniej 1 godzinę.
d) Podawać na zimno, udekorowane listkami świeżej mięty.

30. Duńska Słodka Zupa

SKŁADNIKI:

- 1 litr soku z czerwonych owoców
- ½ szklanki rodzynek, złocistych
- ½ szklanki porzeczek
- ½ szklanki suszonych śliwek; lub śliwki, wypestkowane i posiekane
- ½ szklanki) cukru
- 3 łyżki tapioki, minuta
- 2 plasterki cytryny
- Mała laska cynamonu

INSTRUKCJE:

a) Wymieszaj sok owocowy, rodzynki, porzeczki, suszone śliwki i cukier.
b) Gotuj przez kilka minut, a następnie dodaj kilka plasterków cytryny i małą laskę cynamonu.
c) Dodaj tapiokę.
d) Kontynuuj gotowanie, aż tapioka będzie klarowna, mieszając, aby zapobiec przywieraniu tapioki.
e) Rozłóż łyżką do naczyń i podawaj ze śmietaną lub Cool Whip.

31.Zimna Zupa Melonowo-Miętowa

SKŁADNIKI:
- 1 dojrzały melon (kantalupa lub spadź), pozbawiony nasion i pokrojony w kostkę
- 1 szklanka wody kokosowej
- 2 łyżki soku z limonki
- 1 łyżka miodu lub syropu klonowego (opcjonalnie)
- Świeże liście mięty do dekoracji

INSTRUKCJE:
a) W blenderze połącz kostki melona, wodę kokosową, sok z limonki i miód (jeśli używasz).
b) Mieszaj, aż będzie gładka.
c) Zupę schłodzić w lodówce przez co najmniej 1 godzinę.
d) Podawać na zimno, udekorowane listkami świeżej mięty.

32. Zimna Zupa Jagodowa Z Sorbetem Ziołowo-Pomarańczowym

SKŁADNIKI:

- 500 g świeżych jagód
- 2 szklanki soku pomarańczowego
- 1/4 szklanki miodu
- 1 łyżeczka startej skórki pomarańczowej
- 1/4 szklanki posiekanej świeżej mięty
- 1/4 szklanki posiekanej świeżej bazylii
- Lody waniliowe do podania

INSTRUKCJE:

a) W blenderze wymieszaj jagody, sok pomarańczowy, miód i startą skórkę pomarańczową.
b) Mieszaj, aż będzie gładka.
c) Wymieszać z posiekaną miętą i bazylią.
d) Zupę schłodzić w lodówce przez co najmniej 2 godziny.
e) Podawać na zimno, z gałką lodów waniliowych.

33. Norweska Zupa Owocowa (Sotsuppe)

SKŁADNIKI:
- 1 szklanka suszonych śliwek bez pestek
- ¾ szklanki rodzynek
- ¾ szklanki suszonych moreli
- Zimna woda
- ¼ szklanki szybko gotującej się tapioki, niegotowanej
- 2 szklanki wody
- 2 łyżki soku z cytryny
- 1 szklanka soku winogronowego
- 1 łyżeczka octu
- ½ szklanki) cukru
- 1 laska cynamonu

INSTRUKCJE:
a) Połącz śliwki, rodzynki i morele w rondlu o pojemności 3 litrów. Dodaj tyle wody, aby przykryła około 3 filiżanek. Doprowadzić do wrzenia i gotować na wolnym ogniu przez 30 minut.
b) W małym rondlu zagotuj 2 szklanki wody. Wymieszaj tapiokę i gotuj na wolnym ogniu przez 10 minut.
c) Gdy owoce zmiękną, dodaj ugotowaną tapiokę, sok z cytryny, sok winogronowy, ocet, cukier i laskę cynamonu. Doprowadź do wrzenia, następnie gotuj na wolnym ogniu przez kolejne 15 minut. Wyjmij laskę cynamonu. Mieszanina zgęstnieje w miarę ochładzania; dodaj trochę więcej wody lub soku winogronowego, jeśli wydaje się zbyt gęsty.
d) Podawać na gorąco lub na zimno. Podawane na zimno można udekorować bitą śmietaną.

34. Schłodzona Zupa Jogurtowa Truskawkowa

SKŁADNIKI:

- 1 funt świeżych truskawek
- 1 ¼ szklanki jogurtu waniliowego
- 3 łyżki cukru pudru
- 2 łyżki koncentratu soku pomarańczowego
- 1/8 łyżeczki ekstraktu migdałowego lub ½ łyżeczki soku z cytryny

INSTRUKCJE:

a) Zmiksuj truskawki, jogurt, cukier, koncentrat soku pomarańczowego i ekstrakt.
b) Udekoruj pozostałym jogurtem.

35. Truskawkowa / Jagodowa

SKŁADNIKI:

- 1 funt świeżych truskawek lub jagód, dobrze oczyszczonych
- 1 ¼ szklanki wody
- 3 łyżki granulowanego słodzika
- 1 łyżka świeżego soku z cytryny
- ½ szklanki śmietanki do kawy sojowej lub ryżowej
- Opcjonalnie: 2 szklanki ugotowanego, ostudzonego makaronu

INSTRUKCJE:

a) W średnim garnku połącz owoce z wodą i podgrzej do szybkiego wrzenia.
b) Zmniejsz ogień do małego, przykryj i gotuj przez 20 minut lub do momentu, aż owoce będą bardzo miękkie.
c) Zmiksuj blenderem na gładką masę. Przełóż puree z powrotem do garnka i dodaj cukier, sok z cytryny i śmietankę. Po wymieszaniu pozostawić na 5 minut na wolnym ogniu.
d) Przed podaniem zupę należy schłodzić co najmniej 2 godziny.
e) Zupę tę tradycyjnie podaje się samą lub z zimnym makaronem.

36.Karaibska zupa z awokado

SKŁADNIKI:

- 3 dojrzałe awokado
- ½ szklanki jogurtu
- 2 ½ szklanki organicznego bulionu z kurczaka
- 1 łyżeczka curry w proszku
- 1 łyżeczka soli
- ¼ łyżeczki białego pieprzu

INSTRUKCJE

a) Awokado przekrój wzdłuż na pół, z pięciu połówek wydrąż miąższ i jedną połówkę zachowaj do dekoracji.
b) Dodaj szklankę bulionu z kurczaka do blendera wraz z awokado. Mieszanka.
c) Napełnij blender jogurtem, pozostałą 1 szklanką bulionu, solą, białym pieprzem i curry. Zmiksuj ponownie.
d) Schłodzić przez 5 do 10 minut w lodówce.
e) Podawaj od razu, a na każde danie ułóż kilka plasterków zarezerwowanego awokado.

ZIMNE ZUPY WARZYWNE

37. Vichyssoise ze słodkich ziemniaków

SKŁADNIKI:

- 1 łyżka oliwy z oliwek
- 2 średnie pory, tylko białe części, dobrze opłukane i posiekane
- 3 duże słodkie ziemniaki, obrane i posiekane
- 3 szklanki bulionu warzywnego, domowego (patrz Lekki bulion warzywny) lub kupnego, lub woda z solą
- Szczypta mielonego cayenne
- 1 szklanka zwykłego niesłodzonego mleka sojowego lub więcej w razie potrzeby
- Posiekany świeży szczypiorek, do dekoracji

INSTRUKCJE:

a) W dużym garnku do zupy rozgrzej olej na średnim ogniu. Dodaj pory i gotuj do miękkości, około 5 minut. Dodaj słodkie ziemniaki, bulion, sól i cayenne do smaku. Doprowadzić do wrzenia, następnie zmniejszyć ogień do małego i gotować na wolnym ogniu bez przykrycia, aż ziemniaki będą miękkie, około 30 minut.

b) Zmiksuj zupę w garnku za pomocą blendera zanurzeniowego, blendera lub robota kuchennego, w razie potrzeby partiami. Przełożyć do dużego pojemnika i wymieszać z mlekiem sojowym. Przykryj i przechowuj w lodówce aż do schłodzenia, co najmniej 3 godziny. Próbujemy, w razie potrzeby doprawiamy, a jeśli zupa jest za gęsta, dodajemy odrobinę więcej mleka sojowego.

c) Rozlać do misek, posypać szczypiorkiem i podawać.

38. Schłodzona Zupa Awokado-Pomidorowa

SKŁADNIKI:
- 2 ząbki czosnku, zmiażdżone
- Sól
- 2 dojrzałe awokado Hass
- 2 łyżeczki soku z cytryny
- 2 funty dojrzałych pomidorów śliwkowych, grubo posiekanych
- (14,5 uncji) puszka zmiażdżonych pomidorów
- szklanka soku pomidorowego
- Świeżo zmielony czarny pieprz
- 8 listków świeżej bazylii do dekoracji

INSTRUKCJE:

a) W blenderze lub robocie kuchennym połącz czosnek i 1/2 łyżeczki soli i zmiksuj na pastę.

b) Wypróbuj, obierz jedno z awokado i dodaj do robota kuchennego wraz z sokiem z cytryny. Przetwarzaj, aż będzie gładka. Dodać pomidory świeże i z puszki, sok pomidorowy oraz sól i pieprz do smaku. Przetwarzaj, aż będzie gładka.

c) Przenieść zupę do dużego pojemnika, przykryć i przechowywać w lodówce do schłodzenia, od 2 do 3 godzin.

d) Próbujemy, w razie potrzeby doprawiamy. Pozostałą część awokado obierz i pokrój w małą kostkę. Liście bazylii pokroić w cienkie paski. Zupę nalewamy do misek, dodajemy pokrojone w kostkę awokado, dekorujemy bazylią i podajemy.

39.Zupa Ogórkowa Z Orzechów Nerkowca

SKŁADNIKI:

- 1 ząbek czosnku, zmiażdżony
- 1/2 łyżeczki soli
- 1 szklanka zwykłego niesłodzonego mleka sojowego
- 2 średnie ogórki angielskie, obrane i posiekane
- 2 łyżki posiekanej zielonej cebuli
- 1 łyżka świeżego soku z cytryny
- 1 łyżka posiekanej świeżej natki pietruszki
- 2 łyżeczki posiekanego świeżego koperku lub 1/2 łyżeczki suszonego
- 1 łyżka posiekanego świeżego szczypiorku do dekoracji

INSTRUKCJE:

a) W blenderze lub robocie kuchennym zmiel orzechy nerkowca na drobny proszek. Dodaj czosnek i sól, mieszaj, aż powstanie gęsta pasta. Dodaj 1/4 szklanki mleka sojowego i mieszaj, aż masa będzie gładka i kremowa.

b) Dodaj ogórki, zieloną cebulę, sok z cytryny, pietruszkę i koperek i zmiksuj na gładką masę.

c) Dodaj pozostałe ¾ szklanki mleka sojowego i miksuj, aż dobrze się wymiesza.

d) Przenieś mieszaninę do dużego pojemnika, przykryj i przechowuj w lodówce, aż dobrze się schłodzi, a smaki zostaną wymieszane, od 2 do 3 godzin. Próbujemy, w razie potrzeby doprawiamy.

e) Zupę nalewamy do misek, dekorujemy szczypiorkiem i podajemy.

40. Schłodzona Zupa Marchewkowa

SKŁADNIKI:
- 1 łyżka oleju rzepakowego lub z pestek winogron
- 1 mała cebula, posiekana
- 1 funt marchewki, posiekanej
- 3 dojrzałe pomidory śliwkowe, posiekane
- 1 łyżeczka startego świeżego imbiru
- 1 łyżeczka cukru
- 1/2 łyżeczki soli
- 1/8 łyżeczki mielonego cayenne
- 3 szklanki bulionu warzywnego, domowego (patrz Lekki bulion warzywny) lub kupionego w sklepie, lub woda
- 1 (13,5 uncji) puszka niesłodzonego mleka kokosowego
- 1 łyżeczka świeżego soku z limonki
- 1 łyżka posiekanej świeżej bazylii lub kolendry

INSTRUKCJE:

a) W dużym garnku do zupy rozgrzej olej na średnim ogniu. Dodaj cebulę, przykryj i gotuj, aż zmięknie, 5 minut. Wymieszaj marchewki, przykryj i gotuj jeszcze 5 minut. Dodać pomidory, imbir, cukier, sól, cayenne i bulion. Doprowadzić do wrzenia, następnie zmniejszyć ogień do małego i gotować na wolnym ogniu bez przykrycia, aż warzywa będą miękkie, około 30 minut.

b) Zmiksuj zupę w garnku za pomocą blendera zanurzeniowego, blendera lub robota kuchennego, w razie potrzeby partiami. Zupę wlać do dużej miski, wymieszać z mlekiem kokosowym i sokiem z limonki i wstawić do lodówki do wystygnięcia, na co najmniej 3 godziny.

c) Próbujemy, w razie potrzeby doprawiamy i rozlewamy do misek. Udekoruj bazylią i podawaj.

41. Schłodzona Zupa Z Buraków

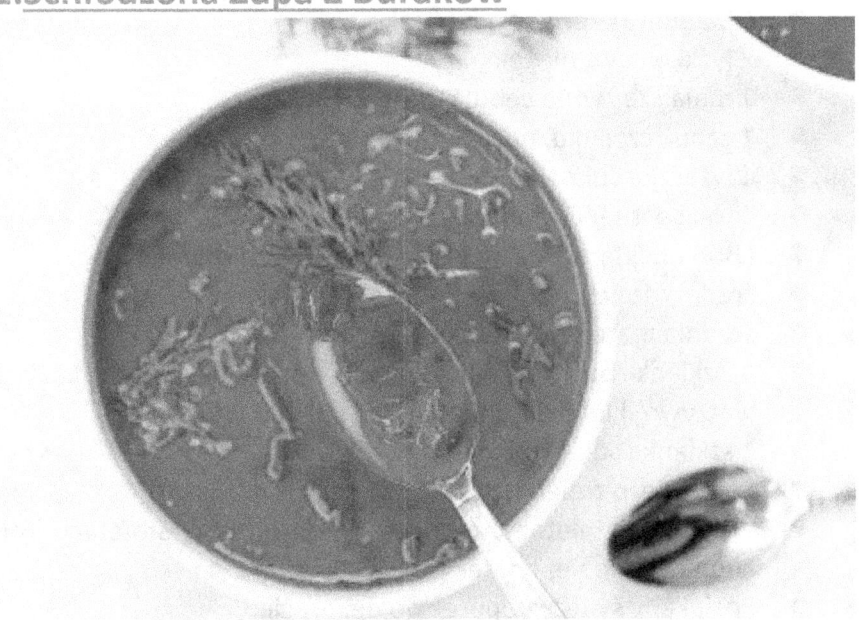

SKŁADNIKI:
- 1 1/2 funta czerwonych buraków
- 2 łyżki oliwy z oliwek
- 1 mała czerwona cebula, posiekana
- 1 ząbek czosnku, posiekany
- 1 łyżeczka cukru
- 3 łyżki octu balsamicznego
- (14,5 uncji) puszka zmiażdżonych pomidorów
- średni rdzawy ziemniak, obrany i posiekany
- średnia marchewka, posiekana
- 4 szklanki bulionu warzywnego, domowego (patrz Lekki bulion warzywny) lub kupionego w sklepie, lub woda
- 1 szklanka soku jabłkowego
- Sól i świeżo zmielony czarny pieprz
- Wegańska śmietana, domowej roboty (patrz Śmietana Tofu) lub kupna w sklepie, do dekoracji
- Posiekany świeży koperek do dekoracji

INSTRUKCJE:
a) W dużym rondlu z wrzącą wodą gotuj buraki na tyle długo, aby poluzować skórki i ułatwić ich usunięcie, 15 do 20 minut. Odcedzić i pozostawić do ostygnięcia, następnie zdjąć skórkę i wyrzucić. Buraki grubo posiekaj i odłóż na bok.

b) W dużym garnku do zupy rozgrzej olej na średnim ogniu. Dodaj cebulę, przykryj i smaż, aż zmięknie, około 5 minut. Dodaj czosnek, cukier i ocet i gotuj bez przykrycia, aż ocet odparuje, około 1 minuty. Dodać pomidory, pokrojone buraki, ziemniaki i marchewkę. Dolać bulion i sok jabłkowy. Dopraw solą i pieprzem do smaku. Doprowadzić do wrzenia, następnie zmniejszyć ogień do minimum i gotować na wolnym ogniu bez przykrycia, aż warzywa będą miękkie, około 30 minut. Zdjąć z ognia i lekko ostudzić.

c) Zmiksuj zupę w blenderze lub robocie kuchennym, w razie potrzeby partiami. Zupę przelać do dużego pojemnika, przykryć i wstawić do lodówki do wystygnięcia, na co najmniej 3 godziny.

d) Rozlać do misek, udekorować kwaśną śmietaną i koperkiem i podawać.

42.Zimna Zupa Z Zielonych Jarzyn Z Rybą

SKŁADNIKI:

- 500 g mieszanych zielonych warzyw (takich jak ogórek, zielona papryka i zielona cebula), drobno posiekanych
- 200 g gotowanej ryby (np. pstrąga lub łososia) w płatkach
- 2 szklanki bulionu warzywnego
- 1 szklanka kwaśnej śmietany
- 2 łyżki posiekanego świeżego koperku
- 2 łyżki posiekanej świeżej natki pietruszki
- Sól i pieprz do smaku
- Plasterki cytryny do dekoracji

INSTRUKCJE:

a) W dużej misce połącz posiekane zielone warzywa i płatki rybne.
b) Mieszaj bulion warzywny i śmietanę, aż dobrze się połączą.
c) Dodać posiekany koperek, natkę pietruszki, sól i pieprz, dokładnie wymieszać.
d) Przed podaniem zupę należy schłodzić w lodówce co najmniej 1 godzinę.
e) Podawać na zimno, udekorowane plasterkami cytryny.

43. Zimna Zupa Pomidorowa

SKŁADNIKI:
- 1 funt pomidorów, łuskanych i pokrojonych w ćwiartki
- 1 awokado, obrane i wypestkowane
- 1/2 szklanki posiekanej kolendry
- 1 papryczka jalapeño, pozbawiona nasion i posiekana
- 2 szklanki bulionu warzywnego
- 1/4 szklanki soku z limonki
- Sól i pieprz do smaku
- Paski tortilli do dekoracji

INSTRUKCJE:
a) W blenderze połącz pokrojone w ćwiartki pomidory, awokado, posiekaną kolendrę, posiekaną papryczkę jalapeño, bulion warzywny i sok z limonki.
b) Mieszaj, aż będzie gładka.
c) Dopraw solą i pieprzem do smaku.
d) Zupę schłodzić w lodówce przez co najmniej 1 godzinę.
e) Podawać na zimno, udekorowane paskami tortilli.

44. Zupa marchewkowo-jogurtowa

SKŁADNIKI:
- 4 szklanki pokrojonej w plasterki marchewki gotowanej na parze
- 1 szklanka zimnej wody
- ½ szklanki zwykłego jogurtu greckiego 2%.
- ¼ szklanki surowych, niesolonych orzechów nerkowca
- 2 łyżki soku z limonki
- ¾ łyżeczki kminku
- ½ łyżeczki kurkumy
- ½ łyżeczki grubej soli

INSTRUKCJE:
a) Zmiksuj marchewkę, wodę, jogurt, orzechy nerkowca, sok z limonki, kminek, kurkumę i sól.
b) Schłodzić przed podaniem.

45.Zimna zupa z cukinii i pora

SKŁADNIKI:

- 2 cukinie, posiekane
- 1 por, tylko biała i jasnozielona część, pokrojony w plasterki
- 2 szklanki bulionu warzywnego
- 1/2 szklanki zwykłego jogurtu greckiego
- 2 łyżki soku z cytryny
- 1 łyżka posiekanego świeżego koperku
- Sól i pieprz do smaku
- Wstążki cukinii do dekoracji

INSTRUKCJE:

a) W garnku podsmaż posiekany por, aż zmięknie.
b) Dodać pokrojoną cukinię i bulion warzywny. Doprowadź do wrzenia i gotuj przez 10 minut.
c) Zdjąć z ognia i lekko ostudzić.
d) Przełóż mieszaninę do blendera i miksuj, aż będzie gładka.
e) Wymieszaj jogurt grecki, sok z cytryny, posiekany świeży koperek, sól i pieprz.
f) Zupę schłodzić w lodówce przez co najmniej 1 godzinę.
g) Podawać na zimno, udekorowane wstążkami cukinii.

46. Zupa Z Cukinii I Awokado

SKŁADNIKI:
- 4 szklanki posiekanej cukinii
- 1 awokado
- ¾ szklanki zimnej wody
- ½ szklanki posiekanej kolendry
- ½ szklanki rzeżuchy
- 3 łyżki soku z cytryny
- ½ łyżeczki grubej soli
- ½ szklanki ciecierzycy, opłukanej i odsączonej

INSTRUKCJE:
a) Zmiksuj cukinię, awokado, wodę, kolendrę, rzeżuchę, sok z cytryny i sól.
b) Schłodzić przed podaniem.

47. Zimna Zupa Ogórkowo-Szpinakowa

SKŁADNIKI:
- 2 ogórki, obrane i posiekane
- 2 szklanki świeżych liści szpinaku
- 1/2 szklanki jogurtu naturalnego
- 2 łyżki soku z cytryny
- 1 łyżka posiekanego świeżego koperku
- Sól i pieprz do smaku
- Plasterki ogórka do dekoracji

INSTRUKCJE:
a) W blenderze wymieszaj posiekane ogórki, świeże liście szpinaku, jogurt naturalny, sok z cytryny, posiekany świeży koperek, sól i pieprz.
b) Mieszaj, aż będzie gładka.
c) Zupę schłodzić w lodówce przez co najmniej 1 godzinę.
d) Podawać na zimno, udekorowane plasterkami ogórka.

48. Zimna Zupa Z Awokado Z Kremem Z Kolendry Chili

SKŁADNIKI:

- 2 dojrzałe awokado, obrane i wypestkowane
- 2 szklanki bulionu warzywnego
- 1/2 szklanki kwaśnej śmietany
- 1 łyżka świeżego soku z limonki
- 1/2 łyżeczki mielonego kminku
- Sól i pieprz do smaku
- 1/4 szklanki posiekanej świeżej kolendry
- Płatki czerwonego chilli do dekoracji

INSTRUKCJE:

a) W blenderze połącz awokado, bulion warzywny, śmietanę, sok z limonki i mielony kminek.
b) Mieszaj, aż będzie gładka.
c) Dopraw solą i pieprzem do smaku.
d) Zupę schłodzić w lodówce przez co najmniej 1 godzinę.
e) Przed podaniem nałóż zimną zupę do misek. Udekoruj posiekaną kolendrą i posyp płatkami czerwonego chili.

49.Zupa Z Buraków I Czerwonej Kapusty

SKŁADNIKI:
- Dwa opakowania po 8 uncji gotowych buraków
- 1 szklanka maślanki
- 1 szklanka pokrojonej czerwonej kapusty
- ¼ szklanki koperku
- 2 łyżki przygotowanego chrzanu
- ¾ łyżeczki grubej soli

INSTRUKCJE:
a) Zmiksuj buraki, maślankę, kapustę, koper, chrzan i sól.
b) Schłodzić przed podaniem.

50.Zupa pomidorowa i czerwona papryka

SKŁADNIKI:
- 1 szklanka odsączonej, pieczonej czerwonej papryki
- 4 szklanki pokrojonych w ćwiartki pomidorów
- ¼ szklanki posiekanej bazylii i prażonych migdałów
- 2 łyżki oliwy z oliwek extra virgin
- 1 łyżka octu sherry lub czerwonego wina

INSTRUKCJE:
a) Zmiksuj wszystkie składniki.
b) Schłodzić przed podaniem.

51.Zupa Imbirowo-Marchewkowa

SKŁADNIKI:
- 2 łyżki oliwy z oliwek
- 1 średnia cebula
- 1 2-calowy kawałek świeżego imbiru
- 1 ząbek czosnku
- 2 funty marchewki
- 6 szklanek bulionu warzywnego o niskiej zawartości sodu
- Sok z 1 limonki
- 1 szklanka jogurtu naturalnego
- Sól i świeżo zmielony czarny pieprz do smaku

INSTRUKCJE:
a) Podsmaż cebulę, imbir i czosnek.
b) Dodać marchewkę i bulion, dusić do miękkości.
c) Zupę puree i schłódź.
d) Przed podaniem wymieszaj sok z limonki i jogurt.

52.Zimna zupa z awokado i maślanką

SKŁADNIKI:

- 2 dojrzałe awokado, obrane i wypestkowane
- 2 szklanki maślanki
- 1/4 szklanki posiekanej świeżej kolendry
- 2 łyżki świeżego soku z limonki
- 1 ząbek czosnku, posiekany
- Sól i pieprz do smaku
- Cienko pokrojone rzodkiewki do dekoracji
- Kawałki limonki do dekoracji

INSTRUKCJE:

a) W blenderze wymieszaj awokado, maślankę, kolendrę, sok z limonki i zmielony czosnek.
b) Mieszaj, aż masa będzie gładka i kremowa.
c) Dopraw solą i pieprzem do smaku.
d) Zupę schłodzić w lodówce przez co najmniej 1 godzinę.
e) Podawać na zimno, udekorowane cienko pokrojonymi rzodkiewkami i cząstkami limonki.

53. Zupa czosnkowa z cukinią i curry

SKŁADNIKI:
- 2 łyżki oliwy z oliwek
- 1 średnia cebula
- 1 ząbek czosnku
- 2 łyżeczki curry w proszku
- 2 funty cukinii
- 4 szklanki bulionu z kurczaka lub warzyw o niskiej zawartości sodu
- Sól i świeżo zmielony czarny pieprz do smaku
- 1 szklanka kwaśnej śmietany o obniżonej zawartości tłuszczu
- 2 łyżki posiekanej świeżej kolendry do dekoracji

INSTRUKCJE:
a) Podsmaż cebulę, czosnek i curry w proszku.
b) Dodać cukinię i bulion, dusić do miękkości.
c) Zupę puree i schłódź.
d) Przed podaniem wymieszać ze śmietaną i doprawić.

54. Zupa koperkowo-jogurtowa i ogórkowa

SKŁADNIKI:
- 2 duże ogórki, obrane i pokrojone w kostkę
- 2 szklanki jogurtu greckiego
- 1 ząbek czosnku, posiekany
- 2 łyżki świeżego soku z cytryny
- 1 łyżka posiekanego świeżego koperku
- Sól i pieprz do smaku
- Oliwa z oliwek z pierwszego tłoczenia do skropienia
- Posiekana świeża mięta do dekoracji

INSTRUKCJE:
a) W blenderze wymieszaj pokrojone w kostkę ogórki, jogurt grecki, przeciśnięty przez praskę czosnek, sok z cytryny i posiekany koperek.
b) Mieszaj, aż masa będzie gładka i kremowa.
c) Dopraw solą i pieprzem do smaku.
d) Zupę schłodzić w lodówce przez co najmniej 2 godziny.
e) Przed podaniem skrop oliwą z pierwszego tłoczenia i udekoruj posiekaną świeżą miętą.

55.Barszcz

SKŁADNIKI:
- 2 pęczki buraków z zieleniną (około 8-9 średnich buraków)
- ½ szklanki posiekanej cebuli
- Kilogramowa puszka duszonych pomidorów
- 3 łyżki świeżego soku z cytryny
- ⅓ szklanki granulowanego słodzika

INSTRUKCJE:
a) Buraki wyszoruj i oczyść, ale skórkę zostaw. Dbaj o bezpieczeństwo zieleni. W dużym garnku wymieszaj buraki, cebulę i 3 litry wody.
b) Gotuj przez godzinę lub do momentu, aż buraki będą wyjątkowo miękkie. Wyjmij buraki z wody, ale NIE WYRZUCAJ WODY. Wyrzuć cebulę.
c) Buraki po drobno posiekaniu włóż z powrotem do wody. Przed dodaniem do wody warzywa należy umyć i posiekać. W misce miksującej połącz pomidory, sok z cytryny i słodzik. Gotuj przez 30 minut na średnim ogniu lub do momentu, aż warzywa będą miękkie.
d) Przed podaniem schłodzić co najmniej 2 godziny.

56.Zupa krem z cukinii i bazylii

SKŁADNIKI:
- 1 łyżka oliwy z oliwek
- 1 duża żółta cebula, posiekana
- 2 funty cukinii, pokrojonej w plasterki o grubości 1/4 cala
- 4 szklanki bulionu o obniżonej zawartości sodu lub domowego bulionu z kurczaka
- 1 szklanka luźno upakowanych liści bazylii, umytych i pozbawionych łodyg, plus więcej do dekoracji
- 2 łyżki crème fraîche (patrz uwagi) i trochę do dekoracji
- 1/4 łyżeczki chili w proszku i więcej do dekoracji
- Sól koszerna

INSTRUKCJE:
a) Rozgrzej oliwę z oliwek w dużym rondlu na średnim ogniu. Dodaj cebulę i smaż, aż będzie przezroczysta, około 5 minut. Dodaj cukinię i gotuj kolejne 2 minuty; następnie dodaj bulion z kurczaka i 1 szklankę liści bazylii. Zmniejsz ogień do wrzenia i gotuj 20 minut.
b) Zupę zmiksuj partiami w blenderze. Zupę przelać przez sitko do miski, za pomocą chochli przecisnąć przez nią ewentualne kawałki. Dodaj 2 łyżki. crème fraîche i 1/4 łyżeczki. chili w proszku. Dopraw solą do smaku.
c) Rozłóż zupę do misek i udekoruj każdą odrobiną crème fraîche, szczyptą chili w proszku i kilkoma liśćmi bazylii.

ZIMNE ZUPY RYBNE I OWOCE OWOCÓW

57. Zimna Zupa Ogórkowa Z Ziołowymi Krewetkami

SKŁADNIKI:
- 2 duże ogórki angielskie
- 1 szklanka jogurtu naturalnego
- 2 ząbki czosnku
- 2 łyżki świeżego koperku, posiekanego
- 2 łyżki posiekanej świeżej mięty
- 1 cytryna
- Sól
- Pieprz
- 12 dużych krewetek, obranych i oczyszczonych
- Oliwa z oliwek
- 1 łyżka posiekanej świeżej pietruszki (do dekoracji)

INSTRUKCJE:
PRZYGOTUJ ZUPĘ OGÓRKOWĄ:
a) Obierz i posiekaj ogórki.
b) W blenderze lub robocie kuchennym połącz pokrojone ogórki, jogurt, ząbki czosnku, koper, miętę i sok z połowy cytryny.
c) Mieszaj, aż będzie gładka.
d) Zupę dopraw solą i pieprzem do smaku.
e) Przelej zupę do dużej miski i przechowuj w lodówce do momentu podania.

PRZYGOTUJ KREWETKI ZIOŁOWE:
f) Rozgrzej odrobinę oliwy z oliwek na patelni lub patelni na średnim ogniu.
g) Krewetki dopraw solą i pieprzem.
h) Dodaj krewetki na patelnię i smaż przez 2-3 minuty z każdej strony lub do momentu, aż będą różowe i ugotowane.
i) Podczas gotowania wyciśnij sok z pozostałej połówki cytryny na krewetki.
j) Zdejmij krewetki z patelni i odłóż na bok.

PODAWAĆ:
k) Przełóż schłodzoną zupę ogórkową do misek.
l) Na każdą miskę nałóż kilka krewetek ziołowych.
m) Udekoruj posiekaną natką pietruszki.
n) Podawaj natychmiast i ciesz się orzeźwiającą zupą ogórkową na zimno z krewetkami ziołowymi!

58. Schłodzona Zupa Z Krewetek I Awokado

SKŁADNIKI:

- 1 funt gotowanych krewetek, obranych i oczyszczonych
- 2 dojrzałe awokado, obrane i pokrojone w kostkę
- 1 ogórek, obrany, pozbawiony nasion i pokrojony w kostkę
- 1/4 szklanki posiekanej świeżej kolendry
- 2 łyżki soku z limonki
- 2 szklanki bulionu warzywnego lub bulionu z owoców morza
- Sól i pieprz do smaku

INSTRUKCJE:

a) W blenderze zmiksuj jedno awokado, połowę ogórka, kolendrę, sok z limonki i bulion warzywny. Mieszaj, aż będzie gładka.
b) Pozostałe awokado i ogórek pokroić na małe kawałki i dodać do zupy.
c) Wymieszaj ugotowane krewetki.
d) Dopraw solą i pieprzem do smaku.
e) Przed podaniem schłodzić w lodówce co najmniej 1 godzinę.
f) Podawać na zimno, w razie potrzeby udekorowane dodatkową kolendrą.

59. Schłodzony bisque z homara

SKŁADNIKI:

- 2 ogony homara, ugotowane i posiekane
- 2 szklanki gęstej śmietanki
- 1 szklanka bulionu z owoców morza
- 1/4 szklanki wytrawnego sherry
- 2 łyżki koncentratu pomidorowego
- 1/4 łyżeczki papryki
- Sól i pieprz do smaku
- Posiekany szczypiorek do dekoracji

INSTRUKCJE:

a) W blenderze połącz ugotowane ogony homara, gęstą śmietanę, bulion z owoców morza, sherry, koncentrat pomidorowy i paprykę. Mieszaj, aż będzie gładka.
b) Dopraw solą i pieprzem do smaku.
c) Przed podaniem schłodzić w lodówce co najmniej 2 godziny.
d) Podawać na zimno, udekorowane posiekanym szczypiorkiem.

60. Zupa z łososia wędzonego na zimno

SKŁADNIKI:
- 8 uncji wędzonego łososia, posiekanego
- 2 szklanki jogurtu greckiego
- 1 ogórek, obrany, pozbawiony nasion i pokrojony w kostkę
- 2 zielone cebule, pokrojone w cienkie plasterki
- 2 łyżki posiekanego świeżego koperku
- 2 łyżki soku z cytryny
- 1 szklanka bulionu warzywnego lub wywaru z owoców morza
- Sól i pieprz do smaku

INSTRUKCJE:
a) W blenderze połącz wędzonego łososia, jogurt grecki, ogórek, dymkę, koperek, sok z cytryny i bulion warzywny. Mieszaj, aż będzie gładka.
b) Dopraw solą i pieprzem do smaku.
c) Przed podaniem schłodzić w lodówce co najmniej 1 godzinę.
d) Podawać na zimno, udekorowane gałązką koperku.

61. Schłodzone Krabowe Gazpacho

SKŁADNIKI:

- 1 funt mięsa kraba w kawałkach
- 2 duże pomidory, pokrojone w kostkę
- 1 ogórek, obrany, pozbawiony nasion i pokrojony w kostkę
- 1 czerwona papryka, pokrojona w kostkę
- 1/4 szklanki posiekanej czerwonej cebuli
- 2 ząbki czosnku, posiekane
- 2 łyżki posiekanej świeżej natki pietruszki
- 2 łyżki czerwonego octu winnego
- 2 szklanki soku pomidorowego
- Sól i pieprz do smaku

INSTRUKCJE:

a) W blenderze wymieszaj jednego pomidora, połowę ogórka, połowę czerwonej papryki, czerwoną cebulę, czosnek, pietruszkę, czerwony ocet winny i sok pomidorowy. Mieszaj, aż będzie gładka.
b) Pozostały pomidor, ogórek i czerwoną paprykę pokroić na małe kawałki i dodać do zupy.
c) Wmieszaj kawałki mięsa krabowego.
d) Dopraw solą i pieprzem do smaku.
e) Przed podaniem schłodzić w lodówce co najmniej 1 godzinę.
f) Podawać na zimno, ewentualnie udekorowane dodatkową natką pietruszki.

62. Zimna Zupa Krabowa

SKŁADNIKI:

- 500 g kawałka mięsa kraba
- 2 szklanki bulionu z kurczaka
- 1 szklanka gęstej śmietanki
- 1/4 szklanki wytrawnego białego wina
- 1/4 szklanki posiekanego świeżego szczypiorku
- 2 łyżki soku z cytryny
- Sól i pieprz do smaku
- Kawałki cytryny do dekoracji

INSTRUKCJE:

a) W dużej misce połącz kawałki mięsa kraba, bulion z kurczaka, gęstą śmietanę, białe wino, posiekany szczypiorek i sok z cytryny.
b) Dopraw solą i pieprzem do smaku.
c) Zupę schłodzić w lodówce przez co najmniej 1 godzinę.
d) Podawać na zimno, udekorowane cząstkami cytryny.
e) (Uwaga: w razie potrzeby zupę można zmiksować, aby uzyskać gładszą konsystencję)

63. Zupa na zimno z maślanką i krewetkami

SKŁADNIKI:
- 2 szklanki maślanki
- 1 szklanka jogurtu naturalnego
- 200 g gotowanych krewetek, obranych i oczyszczonych
- 1 ogórek, obrany, pozbawiony nasion i pokrojony w kostkę
- 2 łyżki posiekanego świeżego koperku
- 1 łyżka posiekanego świeżego szczypiorku
- Sól i pieprz do smaku
- Kawałki cytryny do dekoracji

INSTRUKCJE:
a) W dużej misce wymieszaj maślankę, jogurt naturalny, ugotowane krewetki, pokrojony w kostkę ogórek, posiekany koperek i posiekany szczypiorek.
b) Dopraw solą i pieprzem do smaku.
c) Zupę schłodzić w lodówce przez co najmniej 1 godzinę.
d) Podawać na zimno, udekorowane cząstkami cytryny.

64. Schłodzona Zupa Ogórkowa I Krabowa

SKŁADNIKI:
- 1 funt mięsa kraba w kawałkach
- 2 ogórki angielskie, obrane i pokrojone w kostkę
- 1/2 szklanki zwykłego jogurtu greckiego
- 1/4 szklanki posiekanego świeżego koperku
- 2 łyżki soku z cytryny
- 2 szklanki bulionu warzywnego lub bulionu z owoców morza
- Sól i pieprz do smaku

INSTRUKCJE:
a) W blenderze połącz jeden ogórek, jogurt grecki, koperek, sok z cytryny i bulion warzywny. Mieszaj, aż będzie gładka.
b) Pozostały ogórek pokroić na małe kawałki i dodać do zupy.
c) Wmieszaj kawałki mięsa krabowego.
d) Dopraw solą i pieprzem do smaku.
e) Przed podaniem schłodzić w lodówce co najmniej 1 godzinę.
f) Podawać na zimno, udekorowane gałązką koperku.

65. Schłodzona Zupa Krewetkowa Kokosowa

SKŁADNIKI:
- 1 funt gotowanych krewetek, obranych i oczyszczonych
- 1 puszka (13,5 uncji) mleka kokosowego
- 1 szklanka bulionu z kurczaka lub owoców morza
- 1 czerwona papryka, pokrojona w kostkę
- 1/2 szklanki pokrojonego w kostkę ananasa
- 2 łyżki soku z limonki
- 1 łyżka sosu rybnego
- 1 łyżka posiekanej świeżej kolendry
- Sól i pieprz do smaku

INSTRUKCJE:
a) W blenderze połącz mleko kokosowe, bulion, sok z limonki, sos rybny i połowę czerwonej papryki. Mieszaj, aż będzie gładka.
b) Dodaj pozostałą czerwoną paprykę, pokrojony w kostkę ananas i ugotowane krewetki.
c) Dopraw solą i pieprzem do smaku.
d) Przed podaniem schłodzić w lodówce co najmniej 1 godzinę.
e) Podawać na zimno, udekorowane posiekaną kolendrą.

66. Zupa na zimno z tuńczyka i białej fasoli

SKŁADNIKI:
- 2 puszki tuńczyka (po 5 uncji każda), odsączone
- 2 szklanki ugotowanej białej fasoli (takiej jak cannellini lub fasola granatowa)
- 1 szklanka pokrojonych w kostkę pomidorów
- 1/4 szklanki posiekanej czerwonej cebuli
- 2 łyżki posiekanej świeżej natki pietruszki
- 2 łyżki czerwonego octu winnego
- 1 łyżka oliwy z oliwek
- Sól i pieprz do smaku

INSTRUKCJE:
a) W dużej misce wymieszaj tuńczyka, białą fasolę, pokrojone w kostkę pomidory, czerwoną cebulę, pietruszkę, czerwony ocet winny i oliwę z oliwek.
b) Dopraw solą i pieprzem do smaku.
c) Przed podaniem schłodzić w lodówce co najmniej 1 godzinę.
d) Podawać na zimno, ewentualnie udekorowane dodatkową natką pietruszki.

67. Schłodzona zupa z przegrzebków i kukurydzy

SKŁADNIKI:
- 1 funt przegrzebków morskich, ugotowanych i pokrojonych w plasterki
- 2 szklanki świeżych ziaren kukurydzy
- 1 czerwona papryka, pokrojona w kostkę
- 1/2 szklanki pokrojonego w kostkę selera
- 2 zielone cebule, pokrojone w cienkie plasterki
- 2 szklanki bulionu warzywnego lub bulionu z owoców morza
- 1/4 szklanki soku z limonki
- 1/4 szklanki posiekanej świeżej kolendry
- Sól i pieprz do smaku

INSTRUKCJE:
a) W dużej misce wymieszaj przegrzebki morskie, ziarna kukurydzy, czerwoną paprykę, seler, zieloną cebulę, bulion warzywny, sok z limonki i kolendrę.
b) Dopraw solą i pieprzem do smaku.
c) Przed podaniem schłodzić w lodówce co najmniej 1 godzinę.
d) Podawać na zimno, udekorowane gałązką kolendry.

ZIMNE ZUPY DROBOWE

68.Schłodzona Zupa Z Kurczakiem I Jarzynami

SKŁADNIKI:

- 2 szklanki ugotowanej piersi z kurczaka, posiekanej
- 2 marchewki, obrane i pokrojone w kostkę
- 2 łodygi selera, pokrojone w kostkę
- 1/2 szklanki mrożonego groszku
- 1/4 szklanki posiekanej świeżej pietruszki
- 6 szklanek bulionu z kurczaka
- 2 łyżki soku z cytryny
- Sól i pieprz do smaku

INSTRUKCJE:

a) W dużej misce połącz ugotowaną pierś z kurczaka, marchewkę, seler, groszek i pietruszkę.
b) Wlać bulion z kurczaka i sok z cytryny do mieszaniny i dobrze wymieszać.
c) Dopraw solą i pieprzem do smaku.
d) Przed podaniem schłodzić w lodówce co najmniej 2 godziny.
e) Podawać na zimno, ewentualnie udekorowane dodatkową natką pietruszki.

69. Schłodzona zupa z indyka i żurawiny

SKŁADNIKI:
- 2 szklanki ugotowanej piersi z indyka, posiekanej
- 1/2 szklanki suszonej żurawiny
- 1/4 szklanki posiekanych orzechów pekan
- 2 zielone cebule, pokrojone w cienkie plasterki
- 4 szklanki bulionu z kurczaka
- 1/2 szklanki zwykłego jogurtu greckiego
- 2 łyżki syropu klonowego
- Sól i pieprz do smaku

INSTRUKCJE:
a) W dużej misce połącz gotowaną pierś z indyka, suszoną żurawinę, orzechy pekan i zieloną cebulę.
b) W osobnej misce wymieszaj bulion z kurczaka, jogurt grecki i syrop klonowy, aż uzyskasz gładką masę.
c) Wlać bulion do mieszanki z indykiem i dobrze wymieszać.
d) Dopraw solą i pieprzem do smaku.
e) Przed podaniem schłodzić w lodówce co najmniej 2 godziny.
f) Podawać na zimno, udekorowane posypką posiekanych orzechów pekan.

70. Schłodzona Zupa Z Kurczakiem I Kukurydzą

SKŁADNIKI:

- 2 szklanki gotowanej piersi z kurczaka, pokrojonej w kostkę
- 2 szklanki świeżych lub mrożonych ziaren kukurydzy
- 1 czerwona papryka, pokrojona w kostkę
- 1/2 szklanki pokrojonego w kostkę ogórka
- 1/4 szklanki posiekanej świeżej kolendry
- 4 szklanki bulionu z kurczaka
- 2 łyżki soku z limonki
- Sól i pieprz do smaku

INSTRUKCJE:

a) W dużej misce połącz ugotowaną pierś z kurczaka, ziarna kukurydzy, czerwoną paprykę, ogórek i kolendrę.
b) Wlać bulion z kurczaka i sok z limonki do mieszaniny i dobrze wymieszać.
c) Dopraw solą i pieprzem do smaku.
d) Przed podaniem schłodzić w lodówce co najmniej 2 godziny.
e) Podawać na zimno, udekorowane gałązką kolendry.

71. Schłodzona zupa z indyka i awokado

SKŁADNIKI:

- 2 szklanki gotowanej piersi z indyka, pokrojonej w kostkę
- 2 dojrzałe awokado, obrane i pokrojone w kostkę
- 1/2 szklanki pokrojonych w kostkę pomidorów
- 1/4 szklanki posiekanej czerwonej cebuli
- 2 łyżki posiekanej świeżej kolendry
- 4 szklanki bulionu z kurczaka
- 2 łyżki soku z limonki
- Sól i pieprz do smaku

INSTRUKCJE:

a) W dużej misce połącz ugotowaną pierś z indyka, awokado, pomidory, czerwoną cebulę i kolendrę.
b) Wlać bulion z kurczaka i sok z limonki do mieszaniny i dobrze wymieszać.
c) Dopraw solą i pieprzem do smaku.
d) Przed podaniem schłodzić w lodówce co najmniej 2 godziny.
e) Podawać na zimno, w razie potrzeby udekorowane dodatkową kolendrą.

72. Schłodzona Zupa Orzo z Kurczakiem Cytrynowym

SKŁADNIKI:
- 2 szklanki ugotowanej piersi z kurczaka, posiekanej
- 1/2 szklanki niegotowanego makaronu orzo
- 2 marchewki, obrane i pokrojone w kostkę
- 2 łodygi selera, pokrojone w kostkę
- 4 szklanki bulionu z kurczaka
- 1/4 szklanki soku z cytryny
- 2 łyżki posiekanego świeżego koperku
- Sól i pieprz do smaku

INSTRUKCJE:
a) W dużym garnku zagotuj bulion z kurczaka. Dodać makaron orzo i gotować zgodnie z instrukcją na opakowaniu, aż będzie al dente.
b) Wymieszaj ugotowaną pierś z kurczaka, marchewkę, seler, sok z cytryny i posiekany świeży koperek.
c) Dopraw solą i pieprzem do smaku.
d) Zdjąć z ognia i ostudzić do temperatury pokojowej.
e) Przełożyć do lodówki i schłodzić co najmniej 2 godziny przed podaniem.
f) Podawać na zimno, udekorowane gałązką koperku.

73. Schłodzona zupa z indyka i szpinaku

SKŁADNIKI:
- 2 szklanki gotowanej piersi z indyka, pokrojonej w kostkę
- 4 szklanki bulionu z kurczaka
- 2 szklanki świeżych liści szpinaku
- 1/2 szklanki pokrojonej w kostkę marchewki
- 1/2 szklanki pokrojonego w kostkę selera
- 1/4 szklanki pokrojonej w kostkę cebuli
- 2 ząbki czosnku, posiekane
- 1 łyżka oliwy z oliwek
- Sól i pieprz do smaku

INSTRUKCJE:

a) W dużym garnku rozgrzej oliwę z oliwek na średnim ogniu. Dodajemy pokrojoną w kostkę cebulę i przeciśnięty przez praskę czosnek i smażymy, aż zmiękną.

b) Dodać pokrojoną w kostkę marchewkę i seler i smażyć kolejne 2-3 minuty.

c) Wlać bulion z kurczaka i doprowadzić do wrzenia. Dodać pokrojoną w kostkę pierś z indyka i liście szpinaku.

d) Gotuj na wolnym ogniu przez 5-10 minut, aż warzywa będą miękkie, a smaki dobrze się połączą.

e) Dopraw solą i pieprzem do smaku.

f) Zdjąć z ognia i ostudzić do temperatury pokojowej.

g) Przełożyć do lodówki i schłodzić co najmniej 2 godziny przed podaniem.

h) Podawać na zimno.

74. Schłodzona Zupa Z Kurczakiem I Mango

SKŁADNIKI:

- 2 szklanki ugotowanej piersi z kurczaka, posiekanej
- 2 dojrzałe mango, obrane i pokrojone w kostkę
- 1/2 szklanki pokrojonej w kostkę czerwonej papryki
- 1/4 szklanki pokrojonej w kostkę czerwonej cebuli
- 2 łyżki posiekanej świeżej kolendry
- 4 szklanki bulionu z kurczaka
- 2 łyżki soku z limonki
- Sól i pieprz do smaku

INSTRUKCJE:

a) W blenderze połącz jedno pokrojone w kostkę mango z bulionem z kurczaka i sokiem z limonki. Mieszaj, aż będzie gładka.

b) W dużej misce połącz gotowaną pierś z kurczaka, pokrojone w kostkę mango, pokrojoną w kostkę czerwoną paprykę, pokrojoną w kostkę czerwoną cebulę i posiekaną kolendrę.

c) Wlać zmiksowaną mieszaninę mango na mieszankę kurczaka i warzyw i dobrze wymieszać.

d) Dopraw solą i pieprzem do smaku.

e) Przed podaniem schłodzić w lodówce co najmniej 2 godziny.

f) Podawać na zimno, w razie potrzeby udekorowane dodatkową kolendrą.

75. Zupa Z Kurczaka I Ryżu Z Mlekiem Kokosowym

SKŁADNIKI:
- 2 szklanki gotowanej piersi z kurczaka, pokrojonej w kostkę
- 1 szklanka ugotowanego ryżu
- 1 puszka (13,5 uncji) mleka kokosowego
- 4 szklanki bulionu z kurczaka
- 2 łyżki sosu rybnego
- 2 łyżki soku z limonki
- 2 ząbki czosnku, posiekane
- 1 łyżka startego imbiru
- 1 czerwona papryczka chili, pokrojona w cienkie plasterki (opcjonalnie dla przyprawy)
- Sól i pieprz do smaku

INSTRUKCJE:
a) W dużym garnku wymieszaj bulion z kurczaka, mleko kokosowe, sos rybny, sok z limonki, posiekany czosnek, starty imbir i pokrojoną w plasterki czerwoną papryczkę chili (jeśli używasz). Doprowadzić do wrzenia.
b) Do garnka dodaj pokrojoną w kostkę pierś z kurczaka i ugotowany ryż. Gotuj na wolnym ogniu przez 5-10 minut, aż się rozgrzeje.
c) Dopraw solą i pieprzem do smaku.
d) Zdjąć z ognia i ostudzić do temperatury pokojowej.
e) Przełożyć do lodówki i schłodzić co najmniej 2 godziny przed podaniem.
f) Podawać na zimno.

76. Zupa na zimno z kurczakiem, selerem i orzechami włoskimi

SKŁADNIKI:

- 2 szklanki ugotowanej piersi z kurczaka, posiekanej
- 2 łodygi selera, drobno posiekane
- 1/2 szklanki posiekanych orzechów włoskich
- 4 szklanki bulionu z kurczaka
- 1 szklanka jogurtu naturalnego
- 2 łyżki soku z cytryny
- Sól i pieprz do smaku
- Świeża natka pietruszki do dekoracji

INSTRUKCJE:

a) W dużej misce połącz rozdrobnionego kurczaka, posiekany seler i posiekane orzechy włoskie.
b) Wymieszaj bulion z kurczaka, jogurt naturalny i sok z cytryny. Dobrze wymieszaj.
c) Dopraw solą i pieprzem do smaku.
d) Zupę schłodzić w lodówce przez co najmniej 1 godzinę.
e) Podawać na zimno, udekorowane świeżą natką pietruszki.

77. Zimna Zupa Szparagowa Z Jajkami Przepiórczymi I Kawiorem

SKŁADNIKI:

- 500 g szparagów, przyciętych i posiekanych
- 4 szklanki bulionu warzywnego
- 1 szklanka jogurtu greckiego
- Sól i pieprz do smaku
- 8 jaj przepiórczych, ugotowanych na twardo i obranych
- Kawior do dekoracji
- Posiekany szczypiorek do dekoracji

INSTRUKCJE:

a) W dużym garnku zagotuj bulion warzywny. Dodaj pokrojone szparagi i gotuj do miękkości, około 5-7 minut.
b) Zdjąć z ognia i lekko ostudzić.
c) W blenderze zmiksuj ugotowane szparagi i bulion na gładką masę.
d) Wymieszaj jogurt grecki i dopraw solą i pieprzem do smaku.
e) Zupę schłodzić w lodówce przez co najmniej 1 godzinę.
f) Przed podaniem nałóż zimną zupę do misek. Jajka przepiórcze przekrawamy na pół i układamy na wierzchu zupy. Udekoruj kawiorem i posiekanym szczypiorkiem.

ZIMNE ZUPY ZIOŁOWE

78. Zupa Kantalupa Z Miętą

SKŁADNIKI:
- 1 duży kantalupa
- ¼ szklanki miodu
- ½ szklanki soku pomarańczowego
- 1 ½ łyżki drobno posiekanej świeżej mięty

INSTRUKCJE:
a) Zmiksuj kantalupę, miód i sok pomarańczowy.
b) Przed podaniem ostudź i dodaj miętę.

79. Schłodzona Zupa Z Cukinii

SKŁADNIKI:
- 3 (14 ½ uncji) puszki bulionu z kurczaka o obniżonej zawartości sodu
- 2 łyżki świeżego soku z cytryny
- 3 cukinie
- 1 cebula
- 1 ząbek czosnku
- 3 łyżki posiekanej mięty
- 4 łyżki beztłuszczowej kwaśnej śmietany

INSTRUKCJE:
a) Zagotuj bulion z warzywami.
b) Puree z sokiem z cytryny i miętą.
c) Schłodzić i podawać z kleksem kwaśnej śmietany.

80.Zimna Zupa Grochowa

SKŁADNIKI:
- 2 szklanki mrożonego groszku, rozmrożonego
- 1 mała cebula, posiekana
- 2 szklanki bulionu warzywnego
- 1/2 szklanki zwykłego jogurtu greckiego
- 1 łyżka posiekanych świeżych liści mięty
- Sól i pieprz do smaku
- Skórka cytrynowa do dekoracji (opcjonalnie)

INSTRUKCJE:
a) W garnku podsmaż posiekaną cebulę, aż będzie przezroczysta.
b) Dodać rozmrożony groszek i bulion warzywny. Doprowadź do wrzenia i gotuj przez 5 minut.
c) Zdjąć z ognia i lekko ostudzić.
d) Przełóż mieszaninę do blendera i miksuj, aż będzie gładka.
e) Wymieszaj jogurt grecki i posiekane liście mięty. Dopraw solą i pieprzem do smaku.
f) Zupę schłodzić w lodówce przez co najmniej 1 godzinę.
g) Podawać na zimno, ewentualnie udekorowane skórką z cytryny.

81. Zimna Zupa Szczawiowa

SKŁADNIKI:
- 4 szklanki świeżych liści szczawiu, bez łodyg
- 1 mała cebula, posiekana
- 2 szklanki bulionu warzywnego
- 1 szklanka zwykłego jogurtu greckiego
- 1 łyżka soku z cytryny
- Sól i pieprz do smaku
- Świeży szczypiorek do dekoracji

INSTRUKCJE:
a) W garnku podsmaż posiekaną cebulę, aż będzie przezroczysta.
b) Dodać liście szczawiu i bulion warzywny. Doprowadź do wrzenia i gotuj przez 5 minut.
c) Zdjąć z ognia i lekko ostudzić.
d) Przełóż mieszaninę do blendera i miksuj, aż będzie gładka.
e) Wymieszaj jogurt grecki i sok z cytryny. Dopraw solą i pieprzem do smaku.
f) Zupę schłodzić w lodówce przez co najmniej 1 godzinę.
g) Podawać na zimno, udekorowane świeżym szczypiorkiem.

82. Schłodzona zupa z awokado i kolendrą

SKŁADNIKI:

- 2 dojrzałe awokado, obrane i pokrojone w kostkę
- 1 szklanka bulionu warzywnego
- 1/4 szklanki świeżych liści kolendry
- 1/4 szklanki posiekanej zielonej cebuli
- 2 łyżki soku z limonki
- 1 ząbek czosnku, posiekany
- Sól i pieprz do smaku

INSTRUKCJE:

a) W blenderze połącz awokado, bulion warzywny, liście kolendry, zieloną cebulę, sok z limonki i posiekany czosnek.
b) Mieszaj, aż będzie gładka.
c) Dopraw solą i pieprzem do smaku.
d) Przed podaniem schłodzić w lodówce co najmniej 1 godzinę.
e) Podawać na zimno, udekorowane gałązką kolendry.

83. Schłodzona Zupa Grochowo-Estragonowa

SKŁADNIKI:

- 2 szklanki mrożonego groszku, rozmrożonego
- 1 mała cebula, posiekana
- 2 szklanki bulionu warzywnego
- 1/4 szklanki świeżych liści estragonu
- 1/4 szklanki zwykłego jogurtu greckiego
- 2 łyżki soku z cytryny
- Sól i pieprz do smaku

INSTRUKCJE:

a) W garnku podsmaż posiekaną cebulę, aż będzie przezroczysta.
b) Do garnka dodać rozmrożony groszek i bulion warzywny. Doprowadzić do wrzenia, następnie zmniejszyć ogień i gotować przez 5 minut.
c) Zdjąć z ognia i lekko ostudzić.
d) Przełóż masę grochową do blendera. Dodaj świeże liście estragonu, jogurt grecki i sok z cytryny.
e) Mieszaj, aż będzie gładka.
f) Dopraw solą i pieprzem do smaku.
g) Przed podaniem schłodzić w lodówce co najmniej 1 godzinę.
h) Podawać na zimno, udekorowane gałązką estragonu.

84. Schłodzona Zupa Szpinakowo-Koperkowa

SKŁADNIKI:
- 4 szklanki świeżych liści szpinaku
- 1 szklanka zwykłego jogurtu greckiego
- 1/4 szklanki posiekanego świeżego koperku
- 2 zielone cebule, posiekane
- 2 łyżki soku z cytryny
- 2 szklanki bulionu warzywnego
- Sól i pieprz do smaku

INSTRUKCJE:
a) W blenderze wymieszaj liście szpinaku, jogurt grecki, koperek, zieloną cebulę, sok z cytryny i bulion warzywny.
b) Mieszaj, aż będzie gładka.
c) Dopraw solą i pieprzem do smaku.
d) Przed podaniem schłodzić w lodówce co najmniej 1 godzinę.
e) Podawać na zimno, udekorowane gałązką koperku.

85. Schłodzona zupa z cukinii i pietruszki

SKŁADNIKI:

- 3 średnie cukinie pokrojone w kostkę
- 1 cebula, posiekana
- 2 ząbki czosnku, posiekane
- 4 szklanki bulionu warzywnego
- 1/4 szklanki posiekanej świeżej pietruszki
- 2 łyżki soku z cytryny
- 2 łyżki oliwy z oliwek
- Sól i pieprz do smaku

INSTRUKCJE:

a) W garnku rozgrzej oliwę z oliwek na średnim ogniu. Dodajemy posiekaną cebulę i posiekany czosnek i smażymy, aż zmiękną.
b) Do garnka dodajemy pokrojoną w kostkę cukinię i smażymy kolejne 5 minut.
c) Wlać bulion warzywny i doprowadzić do wrzenia. Zmniejsz ogień i gotuj przez 10-15 minut, aż cukinia będzie miękka.
d) Zdjąć z ognia i lekko ostudzić.
e) Przełóż zupę do blendera. Dodać posiekaną natkę pietruszki i sok z cytryny.
f) Mieszaj, aż będzie gładka.
g) Dopraw solą i pieprzem do smaku.
h) Przed podaniem schłodzić w lodówce co najmniej 1 godzinę.
i) Podawać na zimno.

86.Schłodzona Zupa Ze Szparagami I Szczypiorkiem

SKŁADNIKI:

- 1 funt szparagów, przyciętych i posiekanych
- 1 cebula, posiekana
- 2 ząbki czosnku, posiekane
- 4 szklanki bulionu warzywnego
- 1/4 szklanki posiekanego świeżego szczypiorku
- 2 łyżki soku z cytryny
- 2 łyżki oliwy z oliwek
- Sól i pieprz do smaku

INSTRUKCJE:

a) W garnku rozgrzej oliwę z oliwek na średnim ogniu. Dodajemy posiekaną cebulę i posiekany czosnek i smażymy, aż zmiękną.
b) Do garnka dodajemy pokrojone szparagi i smażymy kolejne 5 minut.
c) Wlać bulion warzywny i doprowadzić do wrzenia. Zmniejsz ogień i gotuj przez 10-15 minut, aż szparagi będą miękkie.
d) Zdjąć z ognia i lekko ostudzić.
e) Przełóż zupę do blendera. Dodać posiekany szczypiorek i sok z cytryny.
f) Mieszaj, aż będzie gładka.
g) Dopraw solą i pieprzem do smaku.
h) Przed podaniem schłodzić w lodówce co najmniej 1 godzinę.
i) Podawać na zimno.

87. Schłodzona Zupa Z Buraków i Mięty

SKŁADNIKI:
- 3 średnie buraki, ugotowane i obrane
- 1 szklanka zwykłego jogurtu greckiego
- 1/4 szklanki posiekanych świeżych liści mięty
- 2 łyżki soku z cytryny
- 2 szklanki bulionu warzywnego
- Sól i pieprz do smaku

INSTRUKCJE:
a) W blenderze połącz ugotowane buraki, jogurt grecki, liście mięty, sok z cytryny i bulion warzywny.
b) Mieszaj, aż będzie gładka.
c) Dopraw solą i pieprzem do smaku.
d) Przed podaniem schłodzić w lodówce co najmniej 1 godzinę.
e) Podawać na zimno, udekorowane gałązką mięty.

88. Chińska Ziołowa Zupa Z Kurczaka

SKŁADNIKI:
- 1 cały jedwabisty kurczak, wypatroszony
- 1/4 szklanki wina Shaoxing
- 1 łyżka soli koszernej i więcej w razie potrzeby
- 1 1/2 uncji suszonych czerwonych jujub (da zao)
- 25 g suszonych grzybów shiitake, najlepiej pokrojonych w plasterki
- 1 uncja (25 g; około 1/4 szklanki) suszonych jagód goji
- 3/4 uncji suszonego chińskiego ignamu (huai shan; opcjonalnie)
- 1/3 uncji suszonego, pokrojonego korzenia arcydzięgla (dong quai)
- 1/3 uncji suszonej cebulki lilii (bai he; patrz uwagi)
- 4 szalotki, przycięte i posiekane
- 1 1/2 uncji obranego świeżego imbiru, pokrojonego w cienkie plasterki
- 1/3 uncji (10 g) suszonych przegrzebków, grubo posiekanych
- 1/4 łyżeczki mielonego białego pieprzu
- Biały sos sojowy do smaku (opcjonalnie; patrz uwagi)

DO PRZYBRANIA:
- 3/4 uncji suszonych czerwonych jujub (da zao), wypestkowanych i pokrojonych w plasterki
- 1/2 uncji suszonych jagód goji
- Pokrojone szalotki według uznania

INSTRUKCJE:

a) W dużym garnku lub piekarniku holenderskim zalej jedwabistego kurczaka zimną wodą, postaw na dużym ogniu i zagotuj. Zdjąć z ognia. Odcedź, a następnie przenieś kurczaka do dużej miski z zimną wodą, aż ostygnie. Dobrze odcedź.

b) Natrzyj całego kurczaka winem Shaoxing i 1 łyżką soli.

c) W międzyczasie w średnio żaroodpornej misce połącz jujube, shiitake, jagody goji, pochrzyn chiński (jeśli używasz), korzeń arcydzięgla i cebulkę lilii. Całość zalać 1 2/3 szklanki (400 ml) wrzącej wody i odstawić do ponownego nawodnienia, około 15 minut. Jeśli używasz całych shiitake, po nawodnieniu pokrój je w plasterki.

d) Wyczyść garnek lub piekarnik holenderski i włóż do niego jedwabistego kurczaka wraz z dowolnym winem Shaoxing. Dodaj uwodnione aromaty i płyn do namaczania, a także szalotki, imbir, suszone przegrzebki i biały pieprz.

e) Zalej 4 litrami (4 l) zimnej wody i postaw na średnim ogniu, aż zacznie się delikatnie gotować; usuń pianę wypływającą na powierzchnię. Zmniejsz ogień, aby utrzymać delikatne gotowanie i gotuj, aż kurczak będzie ugotowany, a mięso będzie można łatwo oddzielić od kości, około 45 minut.

f) Ostrożnie wyjmij kurczaka z garnka i przenieś go na powierzchnię roboczą, aż będzie wystarczająco chłodny, aby można go było trzymać, około 5 minut. Używając rąk, rozdrobnij mięso i skórę kurczaka i umieść je w małej misce; przechowywać w lodówce do momentu użycia.

g) Włóż tuszę z powrotem do bulionu, przykryj i gotuj na bardzo delikatnym ogniu, aby uzyskać klarowny bulion, około 3 godziny lub na lekkim wrzeniu, aby uzyskać bardziej kremowy bulion, około 2 godziny. Odcedź bulion, odrzucając tuszkę kurczaka i aromaty.

h) Bulion włóż z powrotem do oczyszczonego garnka i dopraw solą i/lub białym sosem sojowym.

DO PRZYBRANIA:

i) W małej żaroodpornej misce wymieszaj jujube i jagody goji i zalej taką ilością wrzącej wody, aby przykryła wszystko. Odstawić do ponownego nawodnienia, około 2 minut.

j) Gdy będzie gotowy do podania, dodaj posiekane mięso z kurczaka do bulionu i podgrzej, aż zacznie się gotować. Rozłóż jujubę, jagody goji i szalotkę pomiędzy miski, a na wierzch podawaj bulion i mięso z kurczaka. Podawać.

ZIMNE ZUPY Z MOCNYCH I ZBOŻOWYCH

89. Zimna zupa fasolowa z chrupiącą pancettą

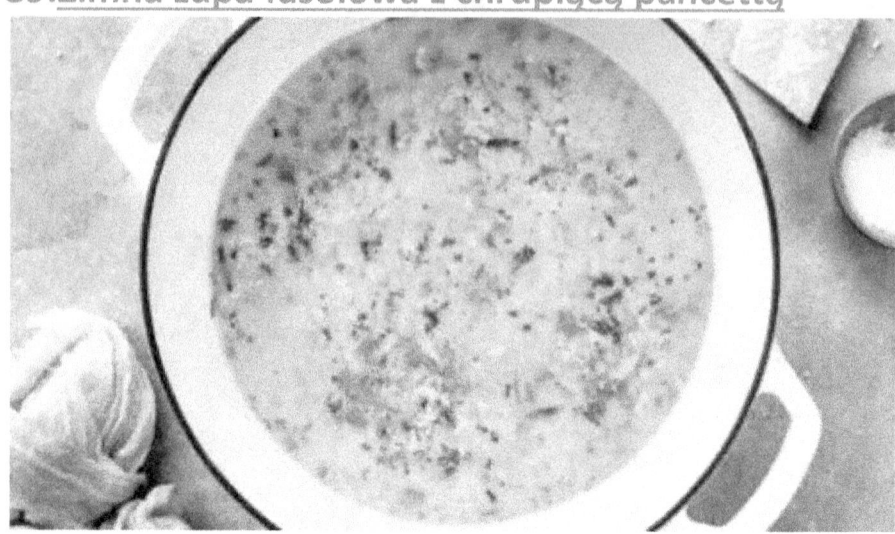

SKŁADNIKI:

- 2 puszki (po 15 uncji każda) białej fasoli, odsączone i opłukane
- 2 ząbki czosnku, posiekane
- 1/4 szklanki posiekanej świeżej pietruszki
- 2 łyżki soku z cytryny
- 2 łyżki oliwy z oliwek
- 1/2 łyżeczki mielonego kminku
- Sól i pieprz do smaku
- Chrupiąca pancetta lub boczek do dekoracji
- Posiekana świeża pietruszka do dekoracji

INSTRUKCJE:

a) W blenderze wymieszaj białą fasolę, przeciśnięty przez praskę czosnek, posiekaną natkę pietruszki, sok z cytryny, oliwę z oliwek i mielony kminek.
b) Mieszaj, aż będzie gładka.
c) Dopraw solą i pieprzem do smaku.
d) Zupę schłodzić w lodówce przez co najmniej 1 godzinę.
e) Podawać na zimno, udekorowane chrupiącą pancettą lub boczkiem i posiekaną świeżą natką pietruszki.

90. Schłodzona Zupa Fasolowa

SKŁADNIKI:

- 4 szklanki posiekanych pomidorów
- 2 szklanki pikantnego, gorącego soku V8
- 1 puszka (15 uncji) czarnej fasoli, przepłukana i odsączona
- 1 szklanka posiekanego ogórka
- 1 szklanka posiekanej słodkiej czerwonej lub żółtej papryki
- 1/2 szklanki posiekanej czerwonej cebuli
- 2 łyżki octu balsamicznego
- 1 łyżeczka cukru
- 1/4 do 1/2 łyżeczki ostrego sosu pieprzowego
- 1/4 łyżeczki mielonego kminku 1/4 łyżeczki soli
- 1/4 łyżeczki pieprzu
- 7 łyżek kwaśnej śmietany o obniżonej zawartości tłuszczu. Ogórek w plasterkach, opcjonalnie

INSTRUKCJE:

a) W blenderze połącz pomidory i sok V8; przykryć i miksować aż do wymieszania. Przełożyć do dużego naczynia.
b) Wymieszaj fasolę, posiekany ogórek, słodką paprykę, cebulę, ocet, cukier i przyprawy.
c) Przykryj i wstaw do lodówki na co najmniej 4 godziny lub na całą noc. Podawać ze śmietaną. W razie potrzeby udekoruj pokrojonym w plasterki ogórkiem.

91. Schłodzona zupa z soczewicy i komosy ryżowej

SKŁADNIKI:
- 1 szklanka ugotowanej soczewicy
- 1/2 szklanki gotowanej komosy ryżowej
- 1 ogórek, obrany i pokrojony w kostkę
- 1 czerwona papryka, pokrojona w kostkę
- 1/4 szklanki posiekanej czerwonej cebuli
- 2 łyżki posiekanej świeżej natki pietruszki
- 2 łyżki soku z cytryny
- 2 szklanki bulionu warzywnego
- Sól i pieprz do smaku

INSTRUKCJE:
a) W dużej misce wymieszaj ugotowaną soczewicę, ugotowaną komosę ryżową, pokrojony w kostkę ogórek, pokrojoną w kostkę czerwoną paprykę, posiekaną czerwoną cebulę i posiekaną natkę pietruszki.
b) Do powstałej masy wlać bulion warzywny i sok z cytryny, dobrze wymieszać.
c) Dopraw solą i pieprzem do smaku.
d) Przed podaniem schłodzić w lodówce co najmniej 1 godzinę.
e) Podawać na zimno, ewentualnie udekorowane dodatkową natką pietruszki.

92. Schłodzona ciecierzyca i zupa bułgarska

SKŁADNIKI:

- 1 puszka (15 uncji) ciecierzycy, odsączona i opłukana
- 1/2 szklanki ugotowanej pszenicy bulgur
- 1 pomidor, pokrojony w kostkę
- 1/4 szklanki pokrojonej w kostkę czerwonej cebuli
- 2 łyżki posiekanej świeżej mięty
- 2 łyżki soku z cytryny
- 2 szklanki bulionu warzywnego
- Sól i pieprz do smaku

INSTRUKCJE:

a) W dużej misce wymieszaj ciecierzycę, ugotowaną pszenicę bulgur, pokrojony w kostkę pomidor, pokrojoną w kostkę czerwoną cebulę, posiekaną miętę, sok z cytryny i bulion warzywny.
b) Dobrze wymieszaj, aby połączyć.
c) Dopraw solą i pieprzem do smaku.
d) Przed podaniem schłodzić w lodówce co najmniej 1 godzinę.
e) Podawać na zimno, udekorowane gałązką mięty.

93. Schłodzona zupa z czarnej fasoli i brązowego ryżu

SKŁADNIKI:

- 1 puszka (15 uncji) czarnej fasoli, odsączona i przepłukana
- 1/2 szklanki ugotowanego brązowego ryżu
- 1 czerwona papryka, pokrojona w kostkę
- 1/2 szklanki ziaren kukurydzy (świeżych, mrożonych lub z puszki)
- 1/4 szklanki pokrojonej w kostkę czerwonej cebuli
- 2 łyżki posiekanej świeżej kolendry
- 2 łyżki soku z limonki
- 2 szklanki bulionu warzywnego
- Sól i pieprz do smaku

INSTRUKCJE:

a) W dużej misce wymieszaj czarną fasolę, ugotowany brązowy ryż, pokrojoną w kostkę czerwoną paprykę, ziarna kukurydzy, pokrojoną w kostkę czerwoną cebulę, posiekaną kolendrę, sok z limonki i bulion warzywny.
b) Dobrze wymieszaj, aby połączyć.
c) Dopraw solą i pieprzem do smaku.
d) Przed podaniem schłodzić w lodówce co najmniej 1 godzinę.
e) Podawać na zimno, w razie potrzeby udekorowane dodatkową kolendrą.

94. Schłodzona zupa z jęczmienia i ciecierzycy

SKŁADNIKI:
- 1/2 szklanki gotowanego jęczmienia
- 1 puszka (15 uncji) ciecierzycy, odsączona i opłukana
- 1 ogórek, obrany i pokrojony w kostkę
- 1/2 szklanki pomidorków cherry, przekrojonych na połówki
- 1/4 szklanki pokrojonej w kostkę czerwonej cebuli
- 2 łyżki posiekanego świeżego koperku
- 2 łyżki soku z cytryny
- 2 szklanki bulionu warzywnego
- Sól i pieprz do smaku

INSTRUKCJE:
a) W dużej misce wymieszaj ugotowaną kaszę jęczmienną, ciecierzycę, pokrojony w kostkę ogórek, pomidorki koktajlowe, pokrojoną w kostkę czerwoną cebulę, posiekany koperek, sok z cytryny i bulion warzywny.
b) Dobrze wymieszaj, aby połączyć.
c) Dopraw solą i pieprzem do smaku.
d) Przed podaniem schłodzić w lodówce co najmniej 1 godzinę.
e) Podawać na zimno, udekorowane gałązką koperku.

95. Schłodzona zupa z czerwonej soczewicy i bulguru

SKŁADNIKI:
- 1 szklanka czerwonej soczewicy, opłukanej
- 1/2 szklanki pszenicy bulgur
- 1 marchewka, pokrojona w kostkę
- 1 łodyga selera, pokrojona w kostkę
- 1/2 szklanki pokrojonych w kostkę pomidorów
- 2 ząbki czosnku, posiekane
- 1 łyżeczka mielonego kminku
- 1/2 łyżeczki papryki
- 4 szklanki bulionu warzywnego
- 2 łyżki soku z cytryny
- Sól i pieprz do smaku

INSTRUKCJE:
a) W dużym garnku wymieszaj czerwoną soczewicę, pszenicę bulgur, pokrojoną w kostkę marchewkę, pokrojony w kostkę seler, pokrojone w kostkę pomidory, zmielony czosnek, mielony kminek, paprykę i bulion warzywny.
b) Doprowadzić mieszaninę do wrzenia, następnie zmniejszyć ogień i gotować na wolnym ogniu przez 20–25 minut lub do momentu, aż soczewica i kasza bulgur będą ugotowane i miękkie.
c) Zdjąć z ognia i lekko ostudzić.
d) Wymieszaj sok z cytryny i dopraw solą i pieprzem do smaku.
e) Przed podaniem schłodzić w lodówce co najmniej 1 godzinę.

ZIMNE ZUPY MAKARONOWE

96.Zimny Makaron Z Pomidorami

SKŁADNIKI:
- 2 litry dojrzałych pomidorków koktajlowych, przekrojonych na pół
- 2 łyżeczki soli koszernej (diamentowy kryształ)
- 12 do 14 uncji somyeon, Somen, Capellini lub innego cienkiego makaronu pszennego
- ¼ szklanki octu ryżowego
- 2 łyżki sosu sojowego
- 2 łyżki granulowanego cukru
- 1 duży ząbek czosnku, drobno starty
- ½ łyżeczki musztardy Dijon
- ½ łyżeczki prażonego oleju sezamowego
- 2 szklanki zimnej, filtrowanej wody
- 1 łyżka prażonych nasion sezamu
- 2 rzodkiewki, pokrojone w cienkie plasterki
- 2 szalotki, pokrojone w cienkie plasterki pod kątem
- 2 szklanki pokruszonego lub pokrojonego w kostkę lodu

INSTRUKCJE:
a) W dużej misce wymieszaj pomidory i sól. Odstaw, aż będzie soczyste, około 10 minut.
b) W międzyczasie zagotuj w dużym garnku wodę. Makaron ugotować zgodnie z instrukcją na opakowaniu, odcedzić i przepłukać pod zimną wodą. Odłożyć na bok.
c) Do pomidorów dodać ocet, sos sojowy, cukier, czosnek, musztardę i olej sezamowy i wymieszać łyżką, aż składniki się dobrze połączą. Do pomidorów wmieszaj przefiltrowaną wodę i posyp powierzchnię bulionu nasionami sezamu, rzodkiewkami i szalotką.
d) Tuż przed podaniem do bulionu dodaj lód. Rozłóż makaron pomiędzy miski i wlej bulion oraz niestopiony lód, upewniając się, że każda porcja została ładnie posypana pomidorami, rzodkiewką, szalotką i nasionami sezamu.

97. Schłodzona śródziemnomorska zupa Orzo

SKŁADNIKI:
- 1 szklanka makaronu orzo, ugotowanego i ostudzonego
- 1 szklanka pokrojonego w kostkę ogórka
- 1 szklanka pomidorków koktajlowych, przekrojonych na połówki
- 1/4 szklanki pokrojonych w plasterki oliwek Kalamata
- 1/4 szklanki pokruszonego sera feta
- 2 łyżki posiekanej świeżej natki pietruszki
- 2 łyżki soku z cytryny
- 2 łyżki oliwy z oliwek
- 2 szklanki bulionu warzywnego
- Sól i pieprz do smaku

INSTRUKCJE:
a) W dużej misce wymieszaj ugotowany i ostudzony makaron orzo, pokrojony w kostkę ogórek, połówki pomidorków cherry, pokrojone oliwki Kalamata, pokruszony ser feta, posiekaną natkę pietruszki, sok z cytryny, oliwę z oliwek i bulion warzywny.
b) Dobrze wymieszaj, aby połączyć.
c) Dopraw solą i pieprzem do smaku.
d) Przed podaniem schłodzić w lodówce co najmniej 1 godzinę.
e) Podawać na zimno, udekorowane dodatkową natką pietruszki i serem feta.

98. Schłodzona Zupa Makaronowa Pomidorowo-Bazyliowa

SKŁADNIKI:
- 8 uncji makaronu (takiego jak fusilli lub penne), ugotowanego i schłodzonego
- 2 duże pomidory, pokrojone w kostkę
- 1/2 szklanki pokrojonego w kostkę ogórka
- 1/4 szklanki posiekanej świeżej bazylii
- 2 łyżki octu balsamicznego
- 2 łyżki oliwy z oliwek
- 2 szklanki bulionu warzywnego
- Sól i pieprz do smaku

INSTRUKCJE:
a) W dużej misce wymieszaj ugotowany i ostudzony makaron, pokrojone w kostkę pomidory, pokrojony w kostkę ogórek, posiekaną bazylię, ocet balsamiczny, oliwę z oliwek i bulion warzywny.
b) Dobrze wymieszaj, aby połączyć.
c) Dopraw solą i pieprzem do smaku.
d) Przed podaniem schłodzić w lodówce co najmniej 1 godzinę.
e) Podawać na zimno, w razie potrzeby udekorowane dodatkową bazylią.

99. Schłodzona Zupa Makaronowa Pesto

SKŁADNIKI:
- 8 uncji makaronu (takiego jak rotini lub farfalle), ugotowanego i schłodzonego
- 1/2 szklanki przygotowanego pesto bazyliowego
- 1 szklanka pomidorków koktajlowych, przekrojonych na połówki
- 1/4 szklanki pokrojonych w plasterki czarnych oliwek
- 2 łyżki orzeszków piniowych
- 2 łyżki startego parmezanu
- 2 szklanki bulionu warzywnego
- Sól i pieprz do smaku

INSTRUKCJE:
a) W dużej misce wymieszaj ugotowany i ostudzony makaron, pesto bazyliowe, pomidorki koktajlowe, czarne oliwki, orzeszki piniowe, starty parmezan i bulion warzywny.
b) Dobrze wymieszaj, aby połączyć.
c) Dopraw solą i pieprzem do smaku.
d) Przed podaniem schłodzić w lodówce co najmniej 1 godzinę.
e) Podawać na zimno, udekorowane dodatkowymi orzeszkami piniowymi i parmezanem, według uznania.

100.Schłodzona grecka sałatka z makaronem

SKŁADNIKI:
- 8 uncji makaronu (takiego jak rotini lub penne), ugotowanego i schłodzonego
- 1/2 szklanki pokrojonego w kostkę ogórka
- 1/2 szklanki pokrojonych w kostkę pomidorów
- 1/4 szklanki pokrojonych w plasterki oliwek Kalamata
- 1/4 szklanki pokruszonego sera feta
- 2 stoły
- 2 łyżki posiekanej świeżej natki pietruszki
- 2 łyżki soku z cytryny
- 2 łyżki oliwy z oliwek
- 2 szklanki bulionu warzywnego
- Sól i pieprz do smaku

INSTRUKCJE:
a) W dużej misce wymieszaj ugotowany i ostudzony makaron, pokrojony w kostkę ogórek, pokrojone w kostkę pomidory, pokrojone w plasterki oliwki Kalamata, pokruszony ser feta, posiekaną natkę pietruszki, sok z cytryny, oliwę z oliwek i bulion warzywny.
b) Dobrze wymieszaj, aby połączyć.
c) Dopraw solą i pieprzem do smaku.
d) Przed podaniem schłodzić w lodówce co najmniej 1 godzinę.
e) Podawać na zimno, udekorowane dodatkową natką pietruszki i serem feta.

WNIOSEK

Kończąc naszą podróż po świecie zimnych zup, mam nadzieję, że poczujesz inspirację do przyjęcia tych orzeźwiających i pysznych dań jako podstawowego elementu swojego kulinarnego repertuaru. „Kompletna książka kucharska na zimno" została stworzona z pasji do celebrowania żywych smaków i sezonowych składników, które sprawiają, że schłodzonym zupom nie można się oprzeć.

Kontynuując eksplorację świata zimnych zup, pamiętaj, że możliwości są nieograniczone. Niezależnie od tego, czy eksperymentujesz z nowymi połączeniami smakowymi, dodajesz własne akcenty do klasycznych przepisów, czy po prostu delektujesz się miską ulubionej schłodzonej zupy w gorący letni dzień, niech każda łyżka przyniesie Ci radość, orzeźwienie i satysfakcję.

Dziękuję, że towarzyszysz mi w tej kulinarnej podróży. Niech Wasze letnie dni będą wypełnione pysznymi chłodnikami, dobrym towarzystwem i niezapomnianymi chwilami spędzonymi przy stole. Do ponownego spotkania, miłego gotowania i smacznego!

www.ingramcontent.com/pod-product-compliance
Lightning Source LLC
Chambersburg PA
CBHW071903110526
44591CB00011B/1525